实话实说

王实◎编著

帮你实现美国留学

TELL THE TRUTH

A COMPLETE GUIDE TO SUCCESSFUL U.S. APPLICATION

中国纺织出版社有限公司

图书在版编目（CIP）数据

实话实说：帮你实现美国留学：汉、英／王实编
著．--北京：中国纺织出版社有限公司，2020.10

ISBN 978-7-5180-7840-0

Ⅰ．①实…　Ⅱ．①王…　Ⅲ．①留学教育—申请—美国
—汉、英　Ⅳ．①G649.712

中国版本图书馆CIP数据核字（2020）第171415号

责任编辑：郭　婷　责任校对：高　涵　责任印制：储志伟

中国纺织出版社有限公司出版发行

地址：北京市朝阳区百子湾东里A407号楼　邮政编码：100124

销售电话：010—67004422　传真：010—87155801

http://www.c-textilep.com

中国纺织出版社天猫旗舰店

官方微博 http://weibo.com/2119887771

三河市延风印装有限公司印刷　各地新华书店经销

2020年10月第1版第1次印刷

开本：787×1092　1/16　印张：9

字数：180千字　定价：32.8元

前 言

　　大家好，我是 Shiny 老师。两天前，一名某重点中学国际项目高一年级学生的家长兴高采烈地告诉我，她的孩子就读的学校重视标准化考试，在家长会上信誓旦旦地承诺，要在课程上加大标准化备考课程比例，聘请专业备考机构老师进行点拨指导，保证孩子托福能达到 110 分，SAT 跨越 1500 分。听罢，我眉头紧锁，无言以对。

　　申请季中，有的家长不断和我抱怨学校高三上学期不放假，让孩子们精心准备申请难道不是天经地义的事情吗？

　　每年春天，留学录取结果发布。看到申请结果，有的家长与孩子一起抱怨录取的"不公正"，质疑为什么隔壁家庭的小朋友标准化考试成绩不如自家孩子，GPA 也较低，却录取到排名更高的学校？是不是因为隔壁家庭找的申请中介神奇？

　　进入申请阶段，由于学生在标准化考试没有获得理想分数，有些"着急"的家长委托"朋友""机构"全权代理申请，要求提供"一揽子"计划，想让孩子全程无忧申请大学，最终结果却让人大跌眼镜。更有"所托之人"将关键时间节点错过，以至于学生与家长后悔、惋惜。

　　年复一年，每年 1 月是申请季收尾的月份，同时也点燃了下一届应考生申请夏校的热情。要不要去美国读夏校？读什么样的夏校？自己是否需要专注课外活动的提升？还是体验海外大学的课程，拿到一封"分量很重"的推荐信？

　　由于工作原因，我经常面对类似的各样问题。在一遍遍的解释与指导中，我深刻认识到尽管孩子成长环境、家庭背景等具有个性化与差异性，但是大体来说，申请原则与流程却是一致的。由于大学升学指导顾问（College Counselor）这个职业在中国传统教育体系中还属于崭新的领域，从业者不多，因此，为了帮助各位同学与家长以及刚入行或渴望入行的同人们了解一些基本升学原则与流程，本人基于十多年在校帮助学生申请美国本科大学的经历，以及在申请过程中积累下来的方方面面经验，汇总在一起，在此抛砖引玉，以飨读者。仓促成文，必有不足之处，恳请大家包涵与指正！

在完成本书的过程之中，本人特别感谢在过去工作中帮助我成长的领导、同事，以及海外招生官和朋友们。更加感谢成百上千的学生与家长们，是他们的信任与认可让我不断突破自己、挑战自己，进而更好地服务需要帮助的人。没有大家的帮助，仅凭个人的努力是无法完成这本书的编写。再次向大家表示诚挚的感谢与敬意！

谨将此书献给我挚爱的女儿！

王实

目 录

第一章
美国本科申请，千万不要"雾里看花"

对于绝大多数人来说，申请美国本科大学是一个崭新的领域。加之，正值5G时代，信息发达，传统媒体被逐步取代，自媒体web3.0或者更高版本的网络媒体风起云涌，对各种爆炸性新闻和热点关注的各方解读，让原本陌生与新鲜的事物有时变得更加可怕，或让原本缺乏安全感的人们更加焦虑。每年4月都会迎来留学录取结果发布，当各新闻媒体公布今年常春藤学校录取率再创历史新低的时候，家长都后悔自己家的孩子为何没有早出生几年。而往往听到市面流传今年又有多少SAT接近满分，学校成绩GPA4.0以上的孩子"名落孙山""败走麦城"的时候，很多家长和同学对于申请更加无从下手。与此同时，更多的"内幕"传来：私下巨额捐献可以保录进入美国排名顶尖的名校；专注"方便面"研究的小男孩进入梦想大学；肯尼亚的支教让学生的申请备受关注等，面对这些，家长与学生只剩下了茫然与焦虑。

Shiny 老师的观点

其实，我们需要认识到这些都是媒体的常态，即吸引众人眼球，引起社会轰动效应。这些媒体往往关注的是那些大家耳熟能详的常春藤学校，而相反，对于其他学校鲜有涉及。原因其一是读者不在乎，其二是读者不知道。久而久之，社会上普遍认为申请美国大学难度很大，恐慌与焦虑愈演愈烈。更为糟糕的是，家长聚会，校友分享，网络社区的交流，独立申请顾问与中介的介绍宣传，各个机构与组织对于各种营运项目推荐，强调"国际"认可与"精英"塑造，申请需"助力"，名人要推荐等，所有这一切让申请美国本科变得扑朔迷离，难以捉摸，看不清楚。在此情景下，敬请每一位学生与家长，运用批判性思考能力面对所听到的信息与见解，认识到每一篇报道、每一次"揭露真相，诠释秘诀"背后的目的与用途，只有这样，才能换位思考，不同解读，避免"雾里看花"！要想做到以上这些，不妨尝试下面的建议：

1. 转换观念

海外教育的"教育公平"更多存在于对"差异化与个性化教育"的关注与实践，而不是所有人"平均"地齐头发展。这其实与中国历史文化传承的"有教无类""以人为本"的教育哲学是相似的。因此，当我们缺乏对于学生个性化了解与关注，忽略海外大学的个体差异性，用数据的尺子来权衡与评价学生的水平与实力，进而"对号入座"，当结果不理想时，必然是沮丧与失落，传递给他人更多的则是焦虑与困惑。所以转变观念，跳出原有的思维方式是关键。

2. 选合适自己的学校

每年 11 月初美国国际教育协会（Institute of International Education）会发布年度《门户开放报告》（*New Open Doors Data*）。近年来，中国大陆一直是留美第一大生源国，2017/2018 年度共计有 363341 名中国大陆留学生赴美留学，占据总留学学生人数的 33.2%。不容否认的一个事实就是，越来越多的中国学生渴望去美国读本科，而"颇受大家青睐"的顶尖学校，如哈佛大学、耶鲁大学、威廉姆斯学院等院校对于国际学生比例的维持，使进入这些学校的概率持续走低。当然，这并不意味着进入美国优秀大学的概率也在降低。相反，现实中很多非常优秀的美国大学在本科招生中提升了录取比例。将近 80% 的大学会录取一半的申请者。所以申请者需要调整自己的心态，应该在选校名单与确定申请策略及了解自己的同时，找到合适的学校。

3. 不是只有进入哈佛才算成功

首先大家应该认识到一个人的成功绝对不是以名校录取为标志，同理，也不是名校录取就意味着某个人的成功。

　　成功往往需要学生的内驱力、机遇、运气等多种因素决定。没有哪所学校可以声称它所提供的某种教育保证了学生未来的辉煌，无论那所学校有多么"闻名遐迩"。现实中不乏这样的例子。如果学生优秀，就算没有进入排名顶尖的大学，人生道路仍然会指向光明和成功。一些成功人士，如国际知名超市 Costco 的执行官詹姆士·辛尼格、美国著名脱口秀节目主持人奥普拉·温弗瑞都不是所谓名校毕业，但同样获得成功，是很多人的人生楷模与榜样。

4. 认清楚关键人物

　　很多家长出于各种原因与考虑，希望通过自己的努力和无私的付出，为学生提供最贴心与"专业"的辅助，让孩子梦想成真。有的家长认为请"专业"人士包揽所有，是对于孩子最有力的支持。此外，周边的"成功"案例无时无刻地暗示焦虑的家长，不能旁观不管，放任自由，对孩子的指导与引导才是最重要的。实事求是地说，很多这样的指导与代办不见得有什么"逆天"成效，有时甚至多余或起到相反的作用。真正的关键人物是学生自己！因为他应该独自面对选校、申请、录取、选择、入校、选课、适应，迎接一切未知的挑战。孩子的优势、不足、潜力、兴趣、期待才是最关键的。坚韧不拔、好奇自信、成熟果敢的性格会让孩子们拥有闪耀的金色青春。家长该如何去做和做哪些不至于"帮倒忙"呢？基本原则就是支持学生，多注重倾听而不是指导，多建议而不是干预。要知道招生官希望看到的是学生的真我、真实的渴望及真正的兴趣与追求。过分包装与虚假的修饰都是致命的。

Shiny 老师有话说：理清留学误区

　　我见过不少留学申请路上的"悲惨故事"。但事实上，美国有近4000所本科大学（四年制），而80%的学校的录取率在一半以上。更何况，除了有这么多大学供选择申请，还有很多种方式可以帮助学生进入大学求读。对于美国大学本科申请，中国考生与家长一直认为分数会决定一切。然而，真正的留学"绊脚石"却是对申请环节的知识"空白"。究其根源，美国本科录取原则和方法与中国传统高考选拔方式是不同的。帮助考生恰当地准备，提高进入自己梦想且适宜学校的概率是本书的出发点。

第二章
美国本科申请三阶段

很多家长寻求建议时，认为学生申请美国本科大学与中国高考是一样的，经常类比高考与 SAT/ACT（戏称为"美国高考"）。这肯定是不正确的。

首先，美国本科申请是一项工程。该工程复杂、专业、环环相扣，需要计划清晰、蓝图详尽、地基扎实，工程完成才能质量高。其次，美国本科申请如同 400 米跑，不是只需要短途冲刺就能"功成名就"，也不是单凭耐力就可以夺魁的"中长跑"。它需要策略与计划：起跑、中途跑、冲刺，每一个阶段都要做好扎实严谨的准备与个性化设计，量力而为，竭尽所能，这样才能在申请最终阶段梦想成真！下面我将这段"400米角逐竞技"分阶段为大家解读。

第一节 预备与起跑阶段 ||

一、早起的鸟儿需要多早

> 最近，社会上传出了让人吃惊的口号"七岁爬藤！"这是一家机构打出这样的标题来吸引渴望自己的孩子在"起跑线"上能够箭一般飞速冲到常春藤校的家长。在国际学校招生展上经常有父母向我咨询学校是否提供升学指导与规划服务，从几年级开始，并一致询问六年级阶段准备是否已经晚了？

▶ Shiny 老师的观点

通常，正规与系统地申请指导往往开始于十一年级（相当于公办高中的高二）。在这之前的高中生活以及初中阶段，学生们应该充分利用美好时光去探究周边世界，了解"本我"，发现是什么让自己痴迷发疯？进而呵护与保留这份真情与执着。大学申请或大学学习其实也仅仅是人生中的一个小小节点或阶段，这些经历与体验是人生部分，更是为后面人生发展来服务的。请不要过早功利心地追逐那些 Big Name 而迷失自我。

> 如果一开始不需要强调规划申请路径，设定标准化考试计划表与安排等，那么家长与学生在这一阶段应该怎样准备呢？

▶ Shiny 老师的观点

学生与家长需要认识到大学是努力的方向与目标，而不是最终的结果。九年级和十年级应该是一个前期准备阶段（注意，由于学制的差异，九年级即公办学校的初三需要被考虑在内）。这段时间需要注意在这些方面做预热与了解：

首先是选课。

每一所规范的学校，不论是公办国际课程、公办国际部、民办双语学校，还是国际学校，都会有本校的毕业要求与标准。课程体系中相应也会提供各种高质量、高要求的预备课程（这里不包括 SAT、ACT、托福、雅思等标准化备考课程）。其实关于选课，每个学校的设置与路径是不同的。不论高中段是 A-level、IB 还是 AP，遵循选课规律和原则至关重要。另外，学生还需要有自己的成长设计和安排。与学校学术顾问（或者是班主任／导师）的沟通非常重要。比如，有的学校设置 AP 物理课程的选修课，这可能要求学生在数学方面的准备与学习、对于微积分的初步掌握与习得等。那么，对于数学的放弃或轻视，极有可能对后期自己渴望呈现专业优势造成障碍。这里学生和家长一定要注意，一个不断挑战自己的申请者是具有竞争力的。然而，如果学生每天疲于应付，挣扎在给自己设置的障碍与困境中，无法脱身或获取自信，则得不偿失，所以要把握好"尺度"。

其次是成绩。

课程掌握得如何，关键看学生的表现，直观地讲就是成绩。当然学术方面，也不要把成绩当成唯一关注点。对所喜欢的科目的倾情投入才是关键。而这并不矛盾，因为只有对喜欢的科目和内容全身心投入了，优良成绩才会有保证。

最后是活动。

学生与家长不应该参照某些经典案例去准备复制那些"高、大、上"活动。这个阶段，学生们应该广泛涉猎各种课外活动，不论是校内去争取的还是校外去开拓的，尝试后确认自己真正喜欢的。这里一定要清楚认识到数量不是重点，而找寻自己的真情使然，渴望无限投入的激情源泉才是关键。有的学生在这个时期肯定会在不断摸索与尝试中遇到阻挠，经历困难与挫折。在这个过程中，难免对自己产生怀疑和否定。这是很正常的，毕竟谁又会是一帆风顺的？人生自会有巅峰也会有低谷。恰恰是在起伏之间，学生们才会不断探究真实自我，进而变得强大，获得对自身更加清晰的了解与认知。如果做到这些，说明学生已经为接下来的历程做好了准备。

当然除了上面所说的基本原则，这里还有一些本阶段需要注意的提示，大家可以参考：

- **充分利用学校所购买的某些申请／辅助申请的系统软件和平台。**例如 Cialfo、Maia Learning、BridgeU、Coalition 等这些基于网络的电子平台，都会为学生学业和申请提供服务。各个平台上拥有各种功能，包括学生性格测评、世界顶尖大学的简单介绍、录取要求、申请流程、专业特征等，帮助大家来进一步了解自己与学校。

- **与升学指导顾问尽早交流和沟通。**与老师预约时间，听取老师关于活动、选课以及成绩的相关建议。如果心中郁闷或对自我认识充满困惑与质疑，要及时与学校的心理咨询老师（Guidance Counselor）进行交谈，获得帮助。

- **提高自己的学术能力，尤其是语言能力。**这个阶段很多同学希望尝试各种语言标准化考试，包括雅思，托福等。其实挑战英语标准化测评的关键不应该只靠应试技巧，关键是阅读。阅读不仅仅提升语言能力，同时也是个人看待世界的角度与方式发生改变的催化剂。

- **参加 PSAT 考试。**PSAT（Preliminary Scholastic Aptitude Test）可以看成是 SAT 的实战模拟预考。评测报告的解读不仅仅包括对于 SAT 备考建议，还有关于 AP 课程选择、大学专业修学的指导参考，具有重要价值。

- **家长需要进行一些经济上的准备，以负担学生就读大学时的学习成本与开销。**获得奖学金进而攻读海外本科的现实例子寥寥无几。考虑到赴美攻读本科学费对于工薪阶层来说也不是一笔小数目，"广积粮""未雨绸缪"十分必要。

二、暑期夏校与暑期项目

记得刚刚进入升学指导顾问的行列时，总有学生拿着邮寄来的或打印的Commonapp 申请表（美国本科大学申请表）来找我询问如何填写。看到需要学生描述"暑假期间所从事的活动"这个问题时，我往往一脸困惑，心想那段时间不就是准备各种考试和参加各种培训吗？随着时间的推移，我渐渐明白了它的重要意义。尽管随着 Commonapp 申请表演变成了电子在线申请平台，暑假活动的短回答栏目也被删去，但是，"暑假里你做了什么？"这个问题却以另外的形式渗透到其他栏目之中。加之目前社会上很多与申请有关的服务机构和"成功申请者"的经验分享，很多学生与家长更加希望能利用有限的暑期项目来赋能申请。那到底应该做什么样的暑假项目或活动才会让自己在录取考量中脱颖而出呢？

⚑ Shiny 老师的观点

下面介绍市面上常见的几种暑期项目与机会。至于到底选取什么项目，如本书前面所提的，各个学生与家庭实际情况不同，差异性的需求导致会有不同的选择路径。

第一种选择——夏令营

美国的夏令营非常成熟。往往各种机构和学校的夏令营每年年初就早早开始预热市场，好的夏令营往往瞬间满额。夏令营种类繁多，项目丰富，课业压力大小不一，大家按需索取、愉悦其间。夏令营有以下的几类：

一类是享誉好口碑的暑期 camp。这样的夏令营选拔严谨，标准严格，而且是免费的。比如在美国的各种领导力项目或 RSI（Research Science Institute）、SSP（Summer Science Program）、TASP（Telluride Association Summer Program）等类似的高难项目。如果学生能幸运参加，定会对申请助力无穷。另一类是各种学术夏令营。记住是纯正的学术类。科学、数学和写作往往是大家比较关注的。当然还有更多的其他学科选择。再一类就是很多大学提供的暑期夏校。想想能够去梦校校园感受学校氛围，聆听教授授课，找找为以后申请中回答"why"的文书灵感，也不失为一个聪明的选择。但是，一定要明白一个道理：在梦校上暑期项目和夏校并不能提升学生被录取的概率，更别相信那些说肯定保学生录取的假话。这只能作为学生的绝佳经历，实属难得。

第二种选择——实习或职业体验

这对于后期申请来说，还是很有"卖点"的。尤其当学生尝试一些与他以后要申请的专业有关的实习和职业体验。因为这反映出该学生拥有很多申请者缺失的闪光点。每学年春季，赶快行动起来，好好思考一下自己想要做些什么呢？当然，如果学生只是想体验一下工作的感觉，充满好奇心去尝试，倒也是一种不错的选择。这样，学生的责任感与"职业操守"都会被看到。

第三种选择——研究

这一类方向选择主要是针对那些渴望攻读科学、数学和工程的申请者。实验室是最好的暑假活动场所，尽管有点拥挤和单调。持之以恒的坚持能体现出的科学工作者素养，同时使自己收获点滴成功的喜悦和成就感。

第四种选择——其他个性化课外项目与活动

在学生申请材料中，课外活动是招生官关注的一项重要参考方面。大家耳熟能详的模拟联合国、支教、辩论赛等都属于这个范畴。很多学生希望另辟蹊径，彰显个性，不走寻常路。一定要记住：脱离于真我，功利心作祟的故意雕琢"高、大、上"活动，会适得其反。充分利用这个宝贵时间走入社会、发现自己、提升认识，尤为关键！

第五种选择——上课

其实上辅导课对于大多数中国申请者来说，并不陌生。如果孩子还在为自己的标准化水平测试而挣扎，或还在忙于应付如何让自己平时在校学业成绩单"发光出彩"，那还是静下心来，做好学术准备吧。

综上所述，学生充分利用暑假，发现、完善、提升自己的方方面面自然是有百利无一害。

三、游学访校

每当暑假来临，市场上充满了各种游学项目。而最受大家欢迎和推崇的当数海外名校深度考察营或顶级名校校园游。即将在秋季申请海外大学的申请者和精心呵护他们的家长，还有无数年纪尚小但向往世界顶级学府的朝拜者都齐聚北美，聆听着各种各样的学校介绍，品鉴着各种秀丽的校园，游走于古朴的哥特式的楼宇之间。可在紧张赶路的行程之后，似乎留下的只是一些自己与学校地标式建筑的合影（多数只是建筑）和厚厚的带有油墨味道的精美学校印刷品。仔细想想，很多感触多为泛泛和笼统，对自己即将来临的申请帮助不大，有些惋惜自己在这种关键时刻投入的时间和财力成本。其实，来到美国做校园参观，参加在校的招生咨询会和校园游学（campus tour）对于申请还是有意义的。只不过事先需要做好准备——看什么？怎么看？问的对象是谁？问什么问题？对于回答怎样理解？除了学校安排的常规项目，学生还能做哪些事情使旅行与参观更有意义？

⚐ Shiny 老师的观点

初到美国访问名校的学生与家长往往会随团游。有的游学团"负责任"，"专业性"地带大家参加每天两次的 campus tour。这种 tour 通常由在校的学生作为校园引领者。当然还会有很多家长和同学自己设计行程，参加学校的招生咨询宣讲会和 campus tour。其实不论大家用上面的哪种形式，如果时间与精力允许的话，注意观察以下的几个方面是很重要的。

1. 周边环境

由于申请的学生大多数为初次离家，家长与学生自然对于即将奋斗求学的学校环境加倍关注。到了学校后，了解一下周边的环境与氛围。第一，学校周边是否安全。学校所处的社区（community）是什么样子？周围的安全系数如何？这一点家长与学生一定要优先考虑。通常来说，坐落在环境优美的乡村与小镇的文理学院，安全系数较高。第二，看看交通是否便利，比如周边是否有火车站、汽车站，从学校到相关的交通枢纽有多远？此外，多数学校只可以保证提供两到三年的校园住宿。那么，考虑到租房的可能性，周边环境的状况，尤其是安全性，以及聚居人群的素质都应是大家考虑的因素。周边是否有中餐馆，有没有口味还算地道一点的？有没有能买到中式调味品或中式食品的超市等？这些也应放在考察范畴之内。

另外，很多大学坐落在城市中心或近郊的区域，生活设施自然要丰富一些。需要关注的方面中，安全则是最为重要的。近几年，在美国发生的校园暴力与大家不愿看到的种族冲突事件，无时无刻不提醒着留学生，安全第一！

2. 学校校园环境

campus tour 的安排往往是学校事先做好了线路设计。介绍的过程之中，参观者可以提各种问题。在校生引导员经过筛选培训，会有礼貌地对所提出的问题进行解答。负责讲解的在校生所做的介绍与说明会加入更多的个人体会与真实互动，自然会加深参观者的认识，使原本死板的事物更加鲜活。如果可以选择校园使者，那么大家选谁呢？

由于中国申请者属于国际学生范畴，所以首选应该是来自大陆的在校生，其次是其他地区的国际生。首先，大陆在校生会从一名过来人的角度回答家长与同学们所提出的问题。另外，中国学生也会与参观者分享他（她）的一些经验与教训（求学时的甚至有可能包括申请时的一些逸事和插曲），各位家长可以见仁见智地收获一些经验。如果没有来自大陆的校园使者，那么其他国家和地区的国际学生也会分享该校对待国际学生有哪些政策措施。比如是否有面向国际学生的社团组织？是否由国际学生服务办公室提供各种服务？学校是否会帮国际学生找实习机会？毕业后 OPT 申请能否得到学校的建议与帮助？国际学生的毕业走向如何？因为这些相关的问题，来自于美国本土的学生平时没有接触和体验，即使在培训时有过介绍，但还是不如亲身的体验讲解得深刻与具体。

每一所学校的参观与游览，线路大多数会挑选常规的项目去参观，具体如下：校园的核心——教学场所（各代表院系的教学楼，实验室隔窗远观为主），然后是校园图书馆、是运动场馆、学生宿舍与食堂，还有学生的活动中心（学生们日常交流的场所），当然这些都是在学校秀美和郁郁葱葱的围合式院落（Quad）或小径中来回穿行。建议大家首先获得一份学校的地图。

3. 教学场所的参观

对于学校的参观首先要关注学术环境，毕竟大家是去求学。学术环境包括软件与硬件。软件自然是围绕着校园中的"人"：比如教授水平、师生比例、班级大小、课程构成、专业设置细化等。同样也包括师生研究课题的可能，双专业 double major 或多专业选择比例等。硬件包括教学场所的设施、装备、空间、现代化设施条件的运用，实验室的数目、设施、使用的可能等。正如前面所说的，参观时具体形象的体现来自于观察，而软性的资源需要提问。

图书馆是很多大学的核心。

往往校舍与教学楼是以它为核心，放射状构成。所以，campus tour 的一个重要组成部分是参观学校的图书馆。图书馆是一个极其重要的学习、交流、钻研和获取知识的场所。在大学的学习生活中，学生的很大一部分时光会在那里度过，所以要认真对待它的介绍。图书馆个数、规模大小、占地空间、自习空位的数量、图书借阅的各种规则等都需要观察与了解。

教室是学生们听课和研讨的重要场所。

多数学校的教室大同小异，主要承载着教学使命，常规为黑板、投影、电脑等基本器材。但是有的教室较大，呈阶梯状，上课人数较多时使用，有的则是小课堂（seminar）形式，半围合式，强调学生之间、师生之间的互动与讨论。

教学楼通常是根据专业和院系建立起来的。教学楼中除了教室外，最容易被指引参观的是实验室。通常有的校园大使对实验室一带而过，有的就会大讲特讲，其中缘由想大家也能猜出一二。此外，大家可以多了解一下学校教学楼的分布，有的时候很多东西是在地图之外的。

4. 宿舍、食堂、活动中心及其他

每当学生被校园使者带到宿舍参观时，绝大多数会被引入学校准备好的"样板间"。这时，大家需要观察仔细一些，注意北方学校是否有完善的取暖设施？学校是否有空调设备？另外，洗手间、浴室、宿舍公用会客厅与休闲活动区是如何设置和安排的？是否有厨具可以自己做饭？这都是要进行关注和询问校园使者的。此外，大一新生是居住在两人间、四人间、六人间，还是需要和更多人一起住？是否可以选择室友？宿舍楼是男女混住还是分住？是否可以在高年级申请单人间？房间选择是否需要抽签？是否可以在校园外租住公寓？是否有各种"主题"宿舍供大家选择？等等。

"民以食为天。"中国的家长与同学对于学校的食堂还是十分在意的。由于大家参观的时间通常为暑假，而如果是非开餐时间，大家也只会对于食堂的规模大小有一个初步了解，而介绍所说的内容是无法考证的。这样学生和家长务必要就自己感兴趣的内容进行深入询问。比如，是否有亚洲菜系包括中国菜的设置？是否有素食者的选择？是否会对过敏体质者给予特殊关照？

很多学校为了让学生们能够拥有更多交流与融合的机会，方便各种社团活动和宣传，甚至是促进老师与学生们进行学术探讨和加深彼此友谊，会设立学生活动中心。活动中心在校园参观时也是必不可少的一个环节。它让学生在紧张的学习环境中拥有了一个社交的场所、一片放松的园地。

学校体育设施大体分为两大类。一类是学生们可以看的，另一类是学生们可以玩的。

可以看的是学校的体育场。很多中国同学对于美国的传统项目还是处在只是观赏式的参与，比如，橄榄球、冰球和棒球。学生自己可以去玩的有各种健身房或游泳场所、篮球场，甚至高尔夫球场。毕竟大学的生活不仅仅是强健头脑，也要强健身体，心神合一地发展！

第二节 途中跑阶段

在前面章节的介绍中，学生与家长对于留学准备阶段应该做哪些事情有了基本了解，下面进入艰辛的途中跑。

一、各种标准化考试

在美国本科大学申请过程中，正如前文所述，很多学生与家长基于国内教育模式的适应与习惯，在"舒适区"中认定大学录取主要是对可客观区分与判定的数据——可触摸的标准进行筛选。同时由于以往学习过程中各种考试的历练，相对来说考试准备起来得心应手、有的放矢，所以学生也更愿意在这个方面努力与投入，不论是时间、物质还是精力上的。那么，到底标准化考试有哪些？应该如何选择？

Shiny 老师的观点

提到与大学申请和录取有关的标准化考试，大家往往会联想到包括 SAT、ACT、托福、雅思、AP 等在内的测评。接下来是对这些考试做一个简单的介绍，毕竟在标准化测评领域，有很多专业人士与机构已经做了很多详尽的诠释与说明。

1. SAT

SAT 是美国大学本科申请所接受的两个标准化考试之一。出题的机构为美国大学理事会（College Board）。美国大学理事会为非营利组织，同时 PSAT 和 AP 也是大学理事会负责的。SAT 第一次被采纳用于大学录取与申请早在 1926 年，但是直到 1933 年才被大家广泛关注，因为当时的哈佛大学校长认为这项考试对于评价当时的奖学金申请者来说是有效的。而后 SAT 被大家选作大学申请中的一项重要组成部分。不过在 1959 年，ACT 诞生，对于 SAT 是一种挑战。在 2010 年，ACT 超过了 SAT 成为最受欢迎的标准化测评。2016 年，由于 ACT 带来的压力与竞争，大学理事会对于 SAT 进行了调整，基本测试形式与目标保持不变，但是部分的框架与内容发生了变化。由于受到各方的认可与支持，2018 年，SAT 在与 ACT 的角力中再次成为最受欢迎的标准化考试。

SAT 作为标准化考试，考生需要向美国大学证明自己是否在各方面为大学学习做好了相应的学术准备。包括学生的阅读理解能力、清晰的表达能力和计算能力。由于申请者多数都会参加这样的考试并提交相应的成绩，大学也会根据成绩与数据对申请者进行平行比对与参考。

SAT 考试包括四个必考部分及一个选考的文书写作部分。第一部分是阅读部分，第二部分是写作与语言（文法）部分，第三、第四部分是两个数学部分，分别为不允许使用计算器和允许使用的两种。如果你决定参加 SAT 的文书写作测试，通常是最后的环节。大多数的 SAT 考试都是选择题形式，而在不允许使用计算器环节中的 5 道题和允许使用的 8 道题是填空形式。在考试期间，考生每 1 个小时有 5 分钟休息时间。整个考试如果不参加选考的文书写作部分应该用时 3 个小时。选考的文书部分为 50 分钟。SAT 考试成绩有效期为两年。

顺序	考试部分	考试时间（分钟）	题目数量	平均答题时间
1	阅读	65	52	75 秒 / 题
2	写作与语言（文法）	35	44	48 秒 / 题
3	数学（无计算器）	25	20	75 秒 / 题
4	数学（有计算器）	55	38	77 秒 / 题
5	文书写作（选考）	50	1	
总计		3 小时（＋50 分钟）	154 题（＋1 篇文书写作）	

SAT 考试满分为 1600 分。其中阅读、写作与语言（文法）的部分考生可以得到 200～800 分。选考的文书分值范围为 2～8 分。值得一提的是，以上分数并非 SAT 考试的卷

面得分，而是官方将考生卷面原始分（raw score）通过分数换算为标准分（scaled score）后的分数，以确保不同场次的考试不会因卷面难度不同而无法比较考试分数。答错与跳过不答的题目不会扣分。此外，SAT 考试提供了基准分（benchmark）供考生和学校参考。基准分的意思是达到这一分数的学生有 75% 的可能性在大学相关课程中取得 C 及以上的分数。SAT 阅读、写作与语言（文法）的基准分为 480 分，数学部分的基准分为 530 分。

2. ACT

ACT 的全称是 American College Testing，即美国大学入学考试。它是美国大学本科的入学标准化考试之一，也是奖学金发放的重要依据之一，由 ACT INC 主办。ACT 考试包括五个部分：英语、数学、阅读、科学及写作（选考）。ACT 考试是美国唯一包括科学科目的大学入学标准化考试。每一道 ACT 考题都经历了 12 个步骤的研发和命题过程，确保测量的准确性和可靠性。这个考试被所有美国四年制大学承认，和 SAT 一样，学校对 ACT 没有偏向性，两个考试的成绩均可以接受。和 SAT 不同，ACT 考试更像一种学科类考试，它更强调考生对课程知识的掌握，同时也考虑到了考生独立思考和判断的能力。因为是标准化学术考试，ACT 考试不是单纯的语言考试，是对学生综合能力的测试。考试重视学生对基础课程的掌握并检查学生一般学术能力，难度贴近美国高中生。考试分为四个部分：英语、数学、阅读、科学，全部为选择题，共 215 道。总分 36 分，考试时间共 175 分钟。其中各部分均为 36 分，实际得分则取各部分的平均得分数。除此之外，还有 40 分钟的写作题作为选考部分，由两个独立评分人给分，满分 12 分，不计算在总分中，单独给出分数。

顺序	考试部分	考试时间（分钟）	题目数量	平均答题时间
1	英语	45	75	36 秒 / 题
2	数学	60	60	60 秒 / 题
3	阅读	35	40	52 秒 / 题
4	科学	35	40	52 秒 / 题
5	写作（选考）	40	1	40 秒 / 题
总计		2 小时 55 分钟 （ + 40 分钟）	215（ + 1 篇写作）	

第一部分为英语部分（English Test），时间为 45 分钟，75 道题目。题目难度不一。监考老师会在第一部分结束前 5 分钟提醒考生，考试结束时间到时，考生一定要停止答卷。

第二部分为数学部分（Mathematics Test），时长 60 分钟，60 道题目。此处题目非常简单，并且可以使用计算器。因考试时间有限，部分数学知识点的学习不完善、长题目的阅读和理解通常是考生最大的问题。通常，这部分考试结束后，考生会有有 10～15 分钟休息时间。有些考场必须要学生离开，有些考场可以允许考生留在教室。

第三部分为阅读部分（Reading Test），难度最大，时间最紧，考生要在 35 分钟内读 4 篇文章，做 40 道题目。4 篇文章一般按如下顺序出现：小说（Prose Fiction）、社会科学（Social Science）、人文科学（Humanities）和自然科学（Natural Science）。对大多数考生而言，最容易入手的为科学类。

第四部分为科学部分（Science Test），35 分钟完成 40 道科学推理题，整合高中物理、化学、生物等学科。这部分难度不大，但方法重要，一定注意答题准确性，保证获取分数。

> 由于学生与家长对于美国本科申请缺乏相应的了解，加之各种语言培训机构的"解读"，很多学生在学习与申请道路上一直在与标准化考试进行着"较量与博弈"，努力征服着各种考试。不仅参加多次考试，更是 SAT/ACT 双线作战。那么 SAT 和 ACT 考试的成绩在申请与录取当中拥有多大的分量与重要性呢？

⚑ Shiny 老师的观点

其实，标准化考试成绩的分量在申请中要比各位学生与家长想象的轻，但是不得不承认，的确比招生官描述得重要一些。尤其是考虑到考生是从中国来申请美国大学本科。

> 既然标准化考试是为了证明学生具有了攻读大学的学术准备，那么中学在校学习成绩还有什么意义呢？如果在校成绩很重要，为什么还要有这样一个"难以逾越"并必须与之"相恨相生"的考试呢？

⚑ Shiny 老师的观点

首先，各学校学科教师、各学校不同学术项目、各国家教育体系打分原则与评判标准是不同的。标准化考试让大家在同一标杆下接受考量，倒也算是合情合理。

最近很多美国大学学府对标准化考试的意义进行了反思，出现了不同的看法，其中不乏顶尖大学。在诠释"教育公平"与"教育平等"的时代，通才博雅教育中强调"全人教育"并做全面考量，将标准化考试的分量不断降低。很多大学决定将 SAT/ACT 考试成绩作为选送材料（Test Optional）。尽管这样，大多数的美国大学还是有相应的标准化考试要求。

> 这里提到的 Test Optional 是什么意思呢？

Shiny 老师的观点

这里指某些美国大学在招生过程中对于学生提交标准化考试成绩并不做强求。如果学生在与 SAT/ACT 等标准化考试的数次"搏斗"中溃败，成绩不理想，申请者可以选择提交或者不提交。在这种情况下，学生的申请仍然是完整有效的。不过，请各位升学指导顾问、学生和家长注意，如果采用 Test Optional 的方式申请大学，一定还要补充更多的材料。例如在学术成绩 GPA 以及学生成绩单还有推荐信等方面，充分体现出该学生的学术素养、学术潜力与实力，这是关键。

> 既然多数考生还是需要提供标准化考试成绩，那么到底应该选择 SAT 还是 ACT 呢？

Shiny 老师的观点

答案是"因人而异"。几乎所有的美国四年制大学两种考试都接受。官方都会明确表明学校不会有任何倾向性，即更偏重哪项考试。当学生不太确认自己"擅长"哪项考试时，可以采用模拟的考试套题来体验与感受。严格按照考试时间与要求去模拟测试，而后对比结果与分数。理论上讲，学生根本不需要分别单独准备两种考试，毕竟花在准备考试上的时间本可以做很多更有意义的事情。

> 什么时候去参加标准化考试？

Shiny 老师的观点

答案更是众说纷纭。有的学生与家长认为标准化考试越早越好。反复尝试，找寻规律，一而再，再而三，必会攻克难关。有的却认为在水平与能力不断积累过程中，一蹴而就就可以"解决战斗"。拉的战线越长，越不利！基于多数学生备考与考试后的经验来分析，十一年级为常规参加考试时间段。此外，由于有的同学还要参加 SAT2（Subject）测试，所以需要计划好时间与顺序。因为不能在同一个时间点上同时参加 SAT 与 SAT2 考试。

> 如果学生多次参加 SAT/ACT 标准化考试，招生官是否会看到前几次不理想的成绩？是否"最拿得出手"的成绩才是最重要的呢？

Shiny 老师的观点

来自各个学校的招生官对于多次考试成绩的评估与参考策略也不尽相同。有的学校要考虑所有次数的成绩；有的希望看到学生一次考试的总分数；还有的则是参考并汇总考生每次考试中单项得分最高的分数，这就是所说的 Superscore（拼分）。各个学校会将对待标准化考试成绩的原则公布到校园官网上，以便申请者了解。不过，不论是哪一种原则，申请者都需要将官方的成绩单从考试中心直接寄送到所申请的学校。理论上来说，申请者可以将不同成绩发送给所申请的不同大学。这里提醒学生和家长，每次考试尽量不做无意义的"裸考"（无准备地参加考试测评）。每一次考试都要态度端正地积极面对，认真复习、备考和参考。根据数据显示，大陆学生参加 SAT/ACT 考试的平均次数为 2～4 次。

SAT/ACT 考试的出发点是检测与评估考生实际学术水平、能力、潜质与素养。如果一个考生期待用作弊、替考等不正当与欺诈的方式来绕过它的门槛，那么代价是巨大的。美国大学理事会与 ACT INC 会严格监管考场秩序，维护考试公平。电子产品非法携带与使用、作弊文稿等夹带、考试交头接耳等都会被严肃处理。如果出现上面的行为，考生的表现会被上报，并会受到惩戒。无论是取消成绩还是取消考试资格，对于申请者来说都是污点。学术需要诚信，而这正是美国教育的核心与基石。

3. 托福（TOEFL）

如果有人问到有哪项标准化考试是美国大学申请者必须参加并且需要提交成绩？答案就是托福考试。

TOEFL（The Test of English as a Foreign Language，简称 TOEFL）是由美国教育测验服务社（ETS）举办的英语能力考试，全名为"检定英语为非母语者的英语能力考试"，中文音译为"托福"。TOEFL 考试的有效期为两年，是从考试日期开始计算的。目前除了美国、加拿大等大部分国家的高等院校外，欧洲（如英国）、大洋洲（如澳大利亚、新西兰）以及东南亚的一些国家和地区也都已承认 TOEFL 考试成绩。2004 年之前的托福用的是 PBT，也就是纸笔卷。2005 年 9 月，美国教育考试服务中心 ETS 在全球推出了一种全新的综合英语测试方法，能够反映在一流大专院校教学和校园生活中对语言实际需求的新托福考试，即 TOEFL iBT（Internet Based Test）。

新托福由四部分组成，分别是阅读（Reading）、听力（Listening）、口语（Speaking）、写作（Writing）。每部分满分 30 分，整个试题满分 120 分。

阅读部分通常有三篇文章。考生不需要在答题之前通读全文，而是在做题的过程中分段阅读文章。每篇文章对应有 11 道试题，均为选择题。除了最后一道试题之外，其他试题都是针对文章的某一部分提问，试题的出现顺序与文章的段落顺序一致。最后一题针对整篇文章提问，要求考生从多条选项中挑选若干项对全文进行总结或归纳。这部分持续时间为 1 小时。

听力部分取消了短对话，由两篇较长的校园情景对话和四篇课堂演讲组成，课堂演讲每篇长约 5 分钟。由于是机考，考生在听录音资料之前无法得知试题。在播放录音资料时，电脑屏幕上会显示相应的背景图片。考生可以在听录音过程中记笔记。考生不能复查、修改已递交的答案。这个部分持续大约 50 分钟。

口语部分把 TSE（Test of Spoken English）融合在新托福中。其中第一、第二题要求考生就某一话题阐述自己的观点。第三、第四题要求考生首先在 45 秒内阅读一段短文，随后短文隐去，播放一段与短文有关的对话或课堂演讲。最后，要求考生根据先前阅读的短文和播放的对话或课堂演讲回答相关问题，考生有 30 秒的准备时间，然后进行 60 秒的回答。例如，短文中描述了对学校实验室进行升级的两种方案，对话中一位同学阐述了自己的立场，即赞成哪种方案，反对哪种方案，并列举了若干理由。要求考生叙述对话中同学的立场并解释他（她）列举了哪些理由支持这一观点。第五、第六题要求考生听一段校园情景对话或课堂演讲，然后回答相关问题。考生有 20 秒的准备时间，之后进行 60 秒的回答。例如，先播放一段课堂演讲，然后要求考生使用课堂演讲中的观点和例子表达看法与观点。

写作部分要求考生在 1 小时内完成两篇作文。其中一篇要求考生在 30 分钟内就某一话题阐述自己的观点，字数要求为 300 字以上。另一篇则要求考生首先阅读一篇文章，5 分钟以后，文章隐去，播放一段与文章有关的课堂演讲。课堂演讲列举了一些论据反驳文章中的论点、论据。随后要求考生在 20 分钟内写一篇作文，总结课堂演讲的论点、论据，并陈述这些论点、论据是如何反驳文章的论点、论据的，字数要求为 150～225 字。

通常托福考试中还会有一个加试部分。考生往往会在听力或阅读部分碰到加试试题，也有可能阅读、听力两部分同时被加试。加试部分不算分，但考生事先并不知道哪一部分是加试部分，所以应该认真对待。

2019 年，托福考试发生了改革与调整：自 2019 年 8 月 1 日起，托福考试除写作部分外，阅读、听力与口语考试时长由 3 小时 30 分钟缩短为 3 小时，随之题目的数量也会对应做减法。阅读部分：每篇文章的题目数量由 12～14 题改为 10 个问题，做题时长由 60～80 分钟改为 54～72 分钟。听力部分：由 4～6 个讲座改为 3～4 个讲座，做题时长由 60～90 分钟改为 41～57 分钟。口语部分：由 6 道试题变为 4 道试题，其中 1 道独立口语，3 道综合口语。做题时长由过去的 20 分钟变为 17 分钟。此外，托福考试从 2019 年 8 月 1 日起，考生成绩报告中将包含过去两年内听、说、读、写四项最好的成绩（My Best Score），这与 SAT/ACT 的拼分原则相似。不过目前，大多数招生官对于这个政策的利用还是持保留态度。

4. 雅思（IELTS）

雅思（International English Language Testing System 国际英语语言测试系统）是一种较全

面地针对听、说、读、写四项能力，为打算到英语国家学习、工作或定居的人们设置的英语水平考试。雅思考试由剑桥大学考试委员会外语考试部、英国文化协会及 IDP 教育集团所共同拥有。雅思分学术类（A 类）和普通类（G 类）两种题型，A 类主要适合留学，G 类主要适合移民。雅思考试产生听、说、读、写四个单项分数，单项的满分是 9 分（精通英语），其次是 8 分（优秀英语）、7 分（良好英语）、6 分（掌握英语）、5 分（勉强掌握）、4 分（有限英语）、3 分（少量英语）、2 分（少量单词）、1 分（不懂英语）和 0 分（没有考试）。

雅思考试包括四个部分，依次为听力、阅读、写作和口语，考试时间共 2 小时 45 分钟。每一部分都独立评分，四部分得分的平均分作为考生的雅思综合得分（小数部分取舍到最近的一分或半分，举例如果平均分为 6.125 分，雅思得分算作 6 分）。成绩单上将列出考生每一部分的得分，同时给出考生的综合得分。考试成绩在考完试十个工作日后通知考生。雅思考试成绩有效期为两年。

5. 多邻国英语测试（Duolingo English Test）

多邻国英语测试是一项面向当今国际学生和机构的现代英语水平评估测试。测试可根据需要在线提供。可以随时随地通过电脑和网络摄像头在家进行测试，而无须预约或前往考试中心参加测试，测试使用计算机自适应技术，让问题难度适应考生的水平。题目类型包括四种题型，考试中四种题型的题目交替出现，最后还有一个 Interview Session。四种题型分别是：选出英语单词、朗读句子、听写句子、完形填空。测试的时长为 16～20 分钟。满分是以 0～100 的整体分数呈现。多邻国英语测试成绩有效期为两年，从参加认证测试的完成日期开始计算，考生最多能在每 30 天内收到两次测试的认证结果。作为一款新生的英语标准化测评，越来越多的大学接受多邻国英语测试的成绩来对申请者进行评估。方便、快捷、在线等优势让这个测试被申请者所熟悉。

6. SAT 2（Subject Tests）

SAT 2 科目类考试是对某一特定学术学科进行一小时的选择题式考试测评。如果查询美国顶尖大学的申请要求，还是可以看到学校要求或建议（更多的大学是建议）申请者提交两门或者三门科目类考试成绩以便进行参考与审核。科目考试包括以下四大学术领域的九门科目：Literature、US History、World History、Math Level 1、Math Level 2、Biology — Ecological、Biology — Molecular、Chemistry、Physics 外加 9 门语言类考试。至于选考哪些课程，除个别学校会对于数学 2 这个科目稍感关注与在意，很多大学目前对于这项考试的要求并不严格，主要是看学生自己的选择与需求。当然，很多学生会在罗列出选校名单之前就要准备和参加标准化考试。那么挑选两门自己感兴趣的，并且擅长且证明实力与潜力的科目可以使申请材料更有竞争力。当然，如果这些科目又是学生未来可能从事的专业则会更具有"含金量"。由于 SAT 科目类考试不是每一次 SAT 考试时都会举行，所以希望学生和家长做好调查、研究与安排。此外，SAT 考试经过调整后更多地与高中课程学习靠拢，这也就意味着如果学生在相应的学科结束后"乘胜追击"，成功攻克 SAT 2 会变得相对容易一些。合理安排与计划考试时间与顺序，才会让学生全心投入、轻松面对、沉着迎战。

7. AP 考试

美国高中 AP 课程是由美国大学理事会（The College Board）主办，在高中阶段开设的具有大学水平的课程，有 22 个门类 38 个学科。它可以使高中学生提前接触大学课程，避免了高中和大学初级阶段课程的重复。目前，已有 40 多个国家的近 3600 所大学承认 AP 学分为其入学参考标准，其中包括哈佛、耶鲁、牛津、剑桥等世界名牌大学。AP 考试每年 5 月举行，目前已经在全球 80 个国家开设。

AP 采取的是 5 分制，3 分以上的成绩被大多数的大学所认可，可以在今后上大学时折抵多至一学年的大学学分。少数顶尖大学要求 4 分或 5 分才能折抵大学学分。由于多数美国大学已经把学生在 AP 考试中的表现作为衡量其是否能够胜任大学学习的依据，因此 AP 考试成绩已经成为众多大学录取考虑因素中最为重要的依据之一，同时也是发放奖学金的主要条件之一。然而，随着社会对顶尖大学招生政策中忽视弱势群体的不满，AP 考试关注度也有所改变。大多数大学与院校本身不要求学生提交 AP 考试成绩，但是 AP 考试成绩的确会让申请材料具有一定的学术竞争力。请注意，AP 考试与 AP 课程不能完全画等号。多数学校不会开设完全的 30 多门 AP 课程，所以学生需要根据自己的实力、潜力与可能发展方向选学AP 课程。需要平衡所选科目与数量，要有挑战但是不能无限"透支"学术付出，否则疲于应付，无法呈现学生最佳学术表现，就会得不偿失，毕竟学校常规课程学习的成绩对于 GPA 的影响至关重要。此外，学习与备考需要兼顾，每年 5 月的考试并不是一次常规课程小测验，而是需要向面对其他标准化考试一样认真对待。

综上所述，不论哪一项标准化测评考试，学生既要认真对待、积极备考，也要避免抱有"找捷径""得技巧""靠刷题"的心态与方法。实力决定了考试的成败。任何标准化考试都是以学生实际水平作为考核核心的客观性测评。所以加强阅读、夯实基础，学业内部课程学习保有激情、专注努力，标准化考试一定所向披靡！

二、升学指导顾问的选择

> 前面一章中，"升学指导顾问"这个词不断出现。很多学生与家长对此还比较陌生。这是一个什么职业？为什么我们学校中没有看到这样的角色？

⚑ Shiny 老师的观点

的确，在国内的传统学校中没有这样的职业类别。因为传统概念中的高考不需要配备这样的老师，大家都是以"分"来论英雄，填报志愿由家长、学生还有班主任合作完成。而在申请美国本科的过程当中，升学指导顾问会全程辅导与启发学生，训练或者培养学生技能，处理或者解决问题等。他们会帮助学生了解自己、获得启迪、找到方向，进而获得成功，得到理想大学的录取通知书。当然，最引以为骄傲的，他们甚至可以改变与影响学生的一生，因为把学生送到学校不是最终的目标，真正的意义在于能让学生从那所适合自己的高等学府中昂首走出来，在社会上发挥自我价值。

不可否认的是，学生和家长在申请过程当中的确会遇到两种升学指导顾问。一种是高中本身设置的升学指导顾问老师。他们从学生一入学就开始对学生和家长介绍与升学有关的方方面面，包括活动选择、社团的加入、课程的选修、标准化考试的策略等。另一种则是收费性的独立申请顾问或申请机构。他们被家长聘来对学生进行专业的指导，通常以申请季时的服务为主。

∽∽ 高中学校设置的升学指导顾问 ∽∽

> 学校设置的升学指导顾问到底拥有什么职能呢？

⚑ Shiny 老师的观点

尽管传统的高中教育与教学环节中没有"升学指导顾问"这类职务的设立，但是越来越多的学校已经意识到这个岗位的重要性。随着升学指导顾问的设立，学生和家长就会获得来自于学校最直接的一系列帮助与辅导。具体举例来说，升学指导顾问可以做以下事情：

1. 学生课外活动的选择与投入

美国本科录取不仅仅是依据标准化分数高低而筛选。大学需要了解即将录取的学生是什么样子的？如何体现学生的差异呢？冰冷的数字（标化成绩，GPA）肯定是单薄的，最具说服力的是学生所参与的课外活动。升学指导顾问从与学生相识、相互了解开始，由于其对于学校本身设立的社团、学生会、学校志愿活动、竞赛等十分清楚，在相互沟通与交流后，就可以对学生进行专业与精准的指导。

2. 申请中各环节的把握与服务

升学指导顾问会为学生提供一系列的选校名单。这可以看作是升学指导顾问在申请阶段最重要的职能之一。升学指导顾问此时会根据对学生的了解，包括已有的材料和事实情况、对大学的认知、往届录取结果和就读记录、电子平台提供的各种数据与分析，以及最重要的与学生和家长的一对一多次交流后，修正和提供一份更加专业的选校名单。此外，提供推荐信也是重要的环节。绝大多数的美国大学需要申请者提供一份代表就读学校的推荐信。这份推荐信不是由校长书写，而是由升学指导顾问来撰写，这在 Common App（通用）申请平台上叫作 School Report。School Report 涉及关于学生的很多方面，而推荐信只是其中一部分，内容包括对于学生的个性化多角度、多层次、多方面进行评注。升学指导顾问在与学生和家长沟通后，会对学生申请文书、申请表格、课程和活动等进行指导。通常，学校聘用或设置的升学指导顾问会根据自己的经验与人脉，帮助家长与学生甄别市面上关于升学与录取的不同声音，以便缓解家长与学生的焦虑和困惑，并解决学生在申请过程中出现的低级失误（比如，Common App 申请平台的错误填写和提交，甚至在面试时因为某些不可预知的原因表现失常等）。升学指导顾问还会在这一艰苦与难熬的申请季中帮助学生调整心态，舒缓焦虑与恐慌，激发斗志。升学指导顾问会督促与指导学生在高三（十二年级）这个申请季学年保持高标准、高强度的选课与学习常态，同时也会为学生提供专业的建议与进阶性规划提醒，帮助学生准备与计划标准化考试、申请文书写作、面试、访校等，避免学生和家长走入误区，陷入混乱状态。可以说，把握方向和协助家长与学生统一步调、齐心协力的关键人物是升学指导顾问。

> 既然这么重要，那什么时间开始与升学指导顾问对接呢？

⚑ Shiny 老师的观点

国内大多数的学校最近几年才开始考虑设立升学指导顾问。因此，从事这个业务的人数通常不多。加之，大多数的升学指导顾问需要在每年秋季和冬季辅导学生申请（这也是他们最重要的一项工作），所以与低年级的学生与家长的沟通不会太早。通常在高二（十一年级），升学指导顾问与家长和学生会进行首次交流。当然，作为学校升学指导顾问团队，在早些时候也会以其他形式与家长和同学进行方方面面的渗透和介绍。另外，申请的关键核心是学生自己。而在申请季之前的任何准备与筹划，无一不是需要学生自己的努力与自觉。学生认识了升学指导顾问，不只是为了以后在校园里可以打打招呼，而是为了扩大自己的人脉圈。低年级的学生需要不断跟升学指导顾问汇报自己的进展与情况，不论是寻求帮助、咨询还是"炫耀"，让升学指导顾问知道发生的一切。如果学生只是期待着最后申请季升学指导顾问能了解自己全部三年或四年的发展、变化、成长，那是不现实的。即使他（她）能为你摇旗呐喊，也不会打动他人。

> 学校升学指导顾问有哪些优势呢？

🚩 Shiny 老师的观点

介绍了学校升学指导顾问的职责，接下来说明一下升学指导顾问的优势，即与美国大学招生官的交流与紧密联系。

通常美国大学的招生官会以多种形式与学校升学指导顾问进行沟通，为做出准确与公平的录取而努力。比如，大学招生官会定期到全球各所中学进行招生咨询宣讲，或以多所学校代表团的形式参观中学或做大学招生巡回展。同样，中学的升学指导顾问也会经常到美国大学参观校园，与招生官进行交流，更新国内教育政策发展变化以及所在学校发展。同时对于所参观的大学进行多维度深层的了解与体验，包括饮食，多元少数裔的文化融合，课堂大小，学校体育活动，甚至学生毕业走向等。招生官会将对于中学的介绍说明以及学校开设课程的各种变化和困惑与升学指导顾问进行深层交流。比如发电子邮件，通过 Skype、电话，甚至还有微信等手段，进而获得第一手的信息与帮助。升学指导顾问也会在学生被放入等待名单或被推迟到常规录取的情况下向招生官进一步推荐。在某些场合下，学生没能充分展现真实自我，升学指导顾问会主动澄清。招生官会认真听取升学指导顾问的说明，每一份推荐与积极评价都会被认真参考。当然，需要明确，升学指导顾问是不能决定录取结果的。

> 那么，学生和家长与升学指导顾问沟通有哪些诀窍呢？

🚩 Shiny 老师的观点

- **尽量提早与升学指导顾问交流，介绍自己。**因为他们会根据自己的专业知识与经验，提供个性化指导，让学生和家长受益以及少走弯路。

- **由于升学指导顾问比较繁忙，提前预约是保证，也是礼节。**

- **关注学校的各种公告，尤其是升学指导顾问部门亮相与出席的时间和场合。**越来越多的学校关注升学指导工作，往往一开学就让升学指导顾问与学生家长见面，请及时公布升学指导顾问的联系方式。此外，当美国大学招生官来访做招生咨询时，学生也可以积极与升学指导顾问沟通交流，甚至让老师做引荐。

- **与升学指导顾问交流的时候一定事先做好相应的准备。**除了自我介绍以外，要把自己困惑和不解的问题做好整理。最好家长出席陪同，以便后续帮助、推进和督促。

- **升学指导顾问不能为学生撰写申请文书、填报申请表格。**但是学生可以请升学指导顾问宣讲、指导如何填写申请表格及帮助学生检查表格填充结果。

- **升学指导顾问不可能承诺学生的申请结果或帮助学生做申请学校选择决定或最后就读学校选择。**升学指导顾问的职责是提供专业参考建议与辅导，帮助学生。

● **家长与升学指导顾问的充分合作会让学生的申请过程更加高效。**不论是什么形式或时段，只要家长与升学指导顾问沟通，那么对方就会明了家长的需求，升学指导顾问与家长能够在多方面达成统一。家长会在了解与信任学校升学指导顾问的基础上，提供最大帮助，进而避免了"多方使劲，不朝一个方向"的错误结果。最后，在申请季，家长定期与升学指导顾问保持联系尤其重要。比如财产证明准备，家庭境况各种变更说明告知，"提早决定"家长的同意书签注等事宜也要积极协作完成。

∽∽ 独立申请升学指导顾问或机构 ∽∽

正如前文所说，一方面，由于升学指导顾问这个职业刚刚被大众接受和认可，所以很多学校目前还没有相应的设置。另一方面，申请美国本科学生的数量不断攀升，专业人士的咨询与指导变成了一种"刚需"，独立申请升学指导顾问及相关机构就相应产生。这些服务机构和个人提供给学生和家长一系列与申请有关的服务和咨询，并以此来收取酬劳。目前，独立申请升学指导顾问或机构老师随着留学申请学生的人数增加而不断涌出。作为"刚需"产业，需要大量市场化推广与宣传，故在现代媒介与传统媒体中曝光率极高。对于很多学生和家长来说，某些机构老师与独立申请升学指导顾问提供的"名校"保录的承诺的确让人动心。尽管收费不菲，但是聘用这些独立申请升学指导顾问或机构的学生与家长还是络绎不绝。事实上，寻找这种服务的学生所就读的学校可能也有学校设置的升学指导顾问。那么为什么还要聘用独立申请升学指导顾问或机构呢？原因可能是多方面的。比如，有的家长认为学校的升学指导顾问需要照顾太多的学生，对于自己的孩子关注不够，可能做不到一对一，焦虑与不安全感油然而生。有的家长对独立申请升学指导顾问的申请纪录与口碑非常信服，希望有更多的保证，实现"双保险"！

如果真的需要独立申请升学指导顾问帮忙，应该注意些什么呢？

⚑ Shiny 老师的观点

寻找独立申请升学指导顾问或机构一定要认真考虑成本和关注学生长远发展。其实从学生成长和申请环节与过程来看，学生在学校升学指导顾问的辅导与帮助下，自己探究和摸索完成所有申请环节是没有问题的。不过，现实中很多家庭还是渴望借助第三方独立申请升学指导顾问或机构。不管怎样，家长和学生选择时请记住以下几点：

无论哪个"强大"的升学指导顾问都不应该取代学生成为申请的"核心"。不要指望别人"全权"代替申请者，也不能让别人"全权"代替申请者！

没有一个独立申请升学指导顾问能保证录取结果，尤其是顶尖学校。如果有人说可以稳保学校录取，请家长和学生一定慎重！

独立申请升学指导顾问或机构不应该为学生撰写推荐信，推荐信只能来自中学的学术老师或升学指导顾问（没有升学指导顾问的学校通常班主任来代替）。不过，补充推荐信除外。

独立申请升学指导顾问或者机构代写申请文书是不可以的。

独立申请升学指导顾问或机构不应该在申请各环节弄虚作假，错误指引学生填报申请表格，违规操作。

当然不可避免的是，很多独立申请升学指导顾问或机构在申请过程中的确操作不规范。这里一定请家长和学生擦亮眼睛，保持警觉。因为，不规范和违规的操作很可能让学生的申请前功尽弃。对于独立申请升学指导顾问或机构的行为规范与操守，NACAC（美国大学招官与升学指导联盟）有专门的政策来规范。

那么，独立申请升学指导顾问和机构又能做哪些事情呢？

⚐ Shiny 老师的观点

根据以往学生的分享与交流，大概有以下的内容：

根据学生的实际情况调整与确认申请学校名单，对于学生课外活动、暑期项目、研究项目等提供专业建议，共同制定包括托福、SAT/ACT/AP 等标准化考试时间与备考应考计划、考试培训辅导点拨，对于学生的学科、成绩等进行分析提供提升建议等。此外还有申请文书建议与评价、修订（不能代写）、申请材料整理与评价、面试辅导，甚至与各个环节或部门的老师、指导、导师进行紧密沟通与交流等。

尽管很多人在当代自媒体成熟与发达的时代曝光率很高，这些独立申请升学指导顾问或机构往往是通过口碑介绍。因此，如果希望找这样的独立申请升学指导顾问或机构，请各位同学与家长多与曾经聘用他们的家长和学生进行交流。对于这些顾问的操守、专业、性格等多方面了解，得到全面的认知。同样，这里要提醒大家，一定不要"对号入座"。不是去年的某个学生拥有某些活动、某个 GPA 和某些标化成绩进入某所名校，那么今年拥有同样的背景与材料的学生也会录取。所以要谨慎，需要更多了解这个独立申请升学指导顾问到底如何让往届家长和学生满意。

最后再次强调，独立申请升学指导顾问或机构对于提供的服务收费标准、项目和手段都是不同的。不管出于什么原因，家长和学生寻找第三方的帮助一定要量力而为，同时要找到的的确确能帮助孩子、诚信求实、具有职业操守与遵守职业规范的服务供应商。

三、学校学术成绩与表现

提到学术成绩，很多家长与同学第一反应还是分数。然而、大家一定要明白，学术成绩不单纯是分数。选择高强度课程的学生所呈现出来的学术上挑战极限，在学术探究中勇于冒险的精神同样使人脱颖而出。

不论学生和家长在与升学指导顾问交谈中，与海外大学招生官交流中，翻看升学指导相关材料中，往往都会碰到这样的一句话：学生在学校中所选课程以及所选课程的学术成绩是学生申请海外大学的基石与"致命"参考指数。为什么这样说呢？招生官能从这里看出来什么呢？

▶ Shiny 老师的观点

美国大学渴望招收那些在学术上做好准备同时又有学术潜力的申请者，这就意味着学生学术成绩极其重要，对于顶尖大学来说更是如此。试想，一所大学如果录取的学生没有做好学术准备，无法保证学术成功甚至学术及格毕业，那么由此带来的麻烦绝对不是招生办一个部门所面对的。

那么，招生办如何去考量学生的学术呢？招生办对于申请者学术程度的把握主要来自于学生的九至十二年级成绩单。成绩单信息的完整、准确、清晰会为招生官做出公正与适当的判断提供有力的帮助。

招生官要去看学生所选的课程，最关键的是核心课程。

比如美国加州大学系统的学校一直是学生和家长的首选。而加州大学系统对于学生高中所学课程有一个 A 到 G 的要求。包括 15 门必修课和 3 门推荐课，共分为七类。具体包括：

A：历史 / 社会科学（2 年；其中世界历史和美国历史各 1 年）；

B：英语（4 年）；

C：数学（必修 3 年；推荐修满 4 年。包括代数 Ⅰ 和 Ⅱ、几何）；

D：自然科学（必修 2 年；推荐修 3 年。其中两门必须是物理、化学或生物课程中的两门）；

E：外语（英语以外的语言；必修 2 年，推荐修 3 年）；

F：视觉 / 表演艺术（1 年）；

G：大学预修（AP）课程。

同理，美国其他大学也需要学生为大学做好学术准备。核心课程通常包括五大类：数学，科学，英语，社会科学和外语。理论上讲，每一类别的中学四年学习（九至十二年级）是一个相对完美的课程体系。同样，学生也要知道大学录取的前提与标准不是如同高考一样，达到了就会录取。

除了核心课程之外，学校为了丰富课程设置，给孩子们各自发展空间，还会提供多样的选修课程。选修课程不仅仅要与学术有关，非学术性的也可以，包括 AI、新闻、电影研究、音乐制作、攀岩技术等。不过，升学指导顾问会随时提醒学生，学术架构的完善与全面是前提。比如，有的中学要求学生修满足够的核心课程学分，同时修满相应的专业选修课的类别与学分，才可以毕业。所以要分清主次与轻重，优先保证毕业学分，达到申请基本需求。

> 当提及学术课程挑战性，那就不得不谈高级学术课程。的确，高级学术课程给学生在中学阶段提供了上升通路和自我挑战的可能。对于美国本科大学来说，招生官常常会在申请者材料中看到三种高级学术课程。其一是美国大学理事会所设计与提供的 AP（Advanced Placement）大学先修课程。其二是 IB（International Baccalaureate）证书课程。其三是 A-Level（英国普通中等教育证书考试高级水平课程）课程。当然，在美国或者其他国家老牌中学、名校，会用自己传统的高级课程而不提供以上的三种课程，进而给学生提供学术挑战的空间。
>
> 很多时候，学生和家长在选择国内中学时经常会困惑：上面三种高级学术课程到底哪一种好？

⚑ Shiny 老师的观点

其实，这些是无法横向比较的。在录取过程中，大学招生官充分理解与认识到每所学校如同每一个独立的学生个体一样，是有差异及不同的。所以不论你的学校用什么样的高级学术课程，或者是用学校自己的，招生官都会依照对你所在学校的了解、认识，以及升学指导顾问在学校报告提交的学校介绍（School Profile）来进行相应具有针对性的考量与评价。

> 高级学术课程对于入学后的学术学习有哪些作用与影响呢？

⚑ Shiny 老师的观点

这些高级课程在学生入学后还是有意义的。比如，美国某些大学会在学校官方网站上说明他们对于学生的高级学术课程的认可，AP 分数或 IB 的考试成绩可以抵免学分。尽管有的学校不能抵免相应课程的学分，但是拥有这些高级学术课程一定的分数，学生可以学习相应专业高级别的课程，快速修满毕业所需学分，达到毕业要求。

> 由于家长与同学一直在公立学校体系下学习与成长，难免对学术与成绩的理解带有浓重的"中国特色"。在美国大学申请领域，学术成绩到底该如何理解，才能避免"误读"呢？

⚑ Shiny 老师的观点

学生在申请大学所提交的材料中，最为重要的就是成绩单，而上面的成绩是核心。这些数字不是来排顺序（下面会讲排名），而是通过这些数字，以及对应的科目、课程和课程难度的变化提供给招生官一系列有用的学术信息，进而帮助招生官了解学生的学习动力、自我要求、好奇心、学习习惯与计划、时间安排能力，甚至对于自我认识的程度等。成绩单是招生官判断申请者是否能够在未来的大学学习中适应挑战和获得成功的关键依据。

> 那么，什么样的成绩是良性的，或者说是有"魅力"的呢？

⚑ Shiny 老师的观点

全优生。所有课程科目，不论年级、不论课程等级，学生的成绩始终是A。这样的成绩肯定是最吸引人的。这里有一个情况需要考虑，那就是课程的级别与难度需要参考。如果学生在各学段和年级都选学常规课程，那么即使是全优的成绩，也不能代表该学生具有学术潜力与自我进取的挑战精神。另一种随年级增长，学术难度不断加大，课程级别不断提升，而成绩也是高居不下或稳步上升，这也是吸引人的，也是最被看好的成绩单。

此外，有的学校同时兼开 IB 课程、AP 课程、A–level 课程，怎么办？家长与同学不要着急。这些课程无法横向比较，招生官会依据所在学校的情境，进行相应的评估与评价。

> 谈到学术方面，除了分数，还有一个家长与学生关注万分的，那就是排名。中国的公办学校愿意根据考试成绩来给学生进行排名，甚至根据学生的名次来安排考场位置。那么在申请美国本科大学的时候，学生在高中的排名是否有重要的意义呢？

⚑ Shiny 老师的观点

绝大多数的中学给大学提供的成绩单中是没有排名的。因为，这些排名并不科学且无实际意义。很多时候，学校排名的方式和原则与招生官所需要参考的考评标准不一致。比如排名是否只是测算核心课程的成绩来设计的？还是全部课程的成绩？具有加权科目的学生如何与其他非加权课程选学的同学进行比对？

> 作为升学指导顾问，我还碰到很多时候学生和家长会问应该学多少门 AP 课才"够用"？

⚑ Shiny 老师的观点

什么叫"够用？"数目不是一个重要的标准。学生"能选"多少门，就选多少门。

那么"能选"的含义是什么呢？首先，要看你所在的学校是否开设了 AP 课程。其次，学校的选课原则是什么？每一学年最多允许学生选修几门 AP？是否有前提？再次，你的学术潜力与实力是否可以合理选择 AP 课程而不前功尽弃？挑战极限的同学会证明自己的努力、勇气、水准和潜力，充分利用了学校资源让自己走向卓越。最后，学生和家长也要知道 AP 课程与 AP 考试是不同的。参加 AP 课程学习，不见得一定要参加 AP 考试。反之，不参加 AP 课程学习，同样可以参加 AP 考试，获得分数。

四、课外活动

> 最近几年，每年的 4 月和 12 月都是申请美国本科大学的激情讨论月份。在大众日渐了解申请"内幕"的时代，大家讨论最多的还是在标准化考试冷冰冰的客观数据之外如何呈现"软实力"。什么是"软实力"？它又该如何呈现呢？

▶ Shiny 老师的观点

"软实力"是那些似乎能化腐朽为神奇，或让幸运降落凡人的力量。这其中最重要的就是课外活动。

> 课外活动一定要"高、大、上"，学生要"全能王"。真的这样吗？前两年哈佛大学教育学院《扭转潮流》的报告对于所谓的"高、大、上"活动进行了抨击。到底什么样的课外活动才是最有意义的、最能"帮助"学生，证明他的软实力呢？

▶ Shiny 老师的观点

诀窍就是"没有诀窍"。大家可能会觉得很难理解。真相是没有哪个课外活动是必须做的。不是做了什么活动，就一定会被美国的名校看上，就会出类拔萃、一鸣惊人。招生官看的是学生对于自己的了解，对于自己喜欢的事情的真情投入与持久付出。所以坚持做自己才是最重要的，也是"决胜法宝"。

> 尽管申请不能"投其所好"，揣摩各个招生官喜欢什么去做什么，忽略自己的真心，但是申请者还是有必要了解大学录取中对于课外活动的态度和观点。古语云："知己知彼，百战不殆。"那么，大学招生官想从课外活动中看到什么呢？

▶ Shiny 老师的观点

大学招生官其实是想看到一个有血有肉、有追求的申请者。首先，一名申请者应该在中学的早些时候（九／十年级）通过参与各种活动去尝试与探索自己真正的追求。当然，找到了方向或在努力找到方向的时候，学生应该全身心地投入。这里不仅仅是时间的投入，还要有无限的努力与克服无数的困难，坚毅地追求。请记住，这不是简单的罗列活动，展示出某些证书、奖状或成就是"关键"。真正的关键是在这些学术或课外活动中所预示着的潜力、特征和属性。在评价中，学生的个性更加被侧重与关注，如善良、领导力、创造力、挑战精神、坚毅、包容、国际视野、幽默等都是通过学生的课外活动与经历进而获得的成长锻炼、积淀或彰显。

> 学生与家长经常会看到媒体中某个申请者参加了无数令人羡慕与崇拜的课外活动，被称为"牛娃""别人家的孩子"。长长的活动目录清单使人觉得即使每天"26小时"三年也做不完。有人说这可以说明学生是全面发展的。但真的是做的事情越多越好吗？如果不是，那么到底需要多少项活动才可以说明自己做好了准备？要做到什么程度呢？需要被谁认可吗？比如竞赛是否要拿个世界级别的？

⚑ Shiny 老师的观点

在美国大学申请平台 Common App（通用申请平台）上面，申请者需要填写自己的课外活动来证明自己。往往很多同学把申请表中预留的 10 个缺省条目都填满自己所做的活动。不过现实是，每天学生自己支配的时间是有限的，也不可能全用来参加活动。招生官希望看到学生投入的专注时间，相应的成就和参与这个过程中所体现出来的个人性格与特征的长处与优势。比如强大领导力，充分有效的交流能力，克服困难与挑战的勇气与能力等。最后，招生官也会充分考虑学生所从事的活动是否给周边带来影响力与变化。比如：某学生作为学校报社的主编，对于新记者的引导与培养，参与美编设计，与记者、编辑的协调与合作，出品具有感染力与吸引人的刊物与校报等，这些都充分表现出此同学的领导力与合作能力。同时优秀的刊物也会让读者感同身受、心有体会，并激励、鼓舞、感染周边学生，在学校与社区层面上产生了重大的影响。其实，对于一名学生来说，成长是需要一个发展过程的，招生官非常清晰地了解与认同这一点。他们会根据学生参与的内容与投入的程度来辨别学生是真心投入、不断进取，还是"功利心"地去迎合招生官或只为在自己的活动列表上增添项目。

> 解决了一份大名单的活动列表问题，现在来看看学生应该做什么呢？

⚑ Shiny 老师的观点

首先，数量要根据自己的实际情况，选择能全身心投入的项目，执着地投入。其次，到底应该做什么呢？有的家长和学生看到成功申请案例，觉得应该是选"高、大、上"的活动。比如去非洲支教，教授英语与改变当地人的用水状况，建立水源地。有的家长与学生资源有限，可能会效仿以前学长、学姐的成长路径，认为参加"模拟联合国"可以进入耶鲁大学，那么大家都会去"模拟联合国"。其实，秘诀不在活动，学生参与这样活动的原因以及如何去做，做什么才是关键。

具体举例来说，有的学生在罗列活动时，表述自己在学校里组建了摇滚乐队，并做过巡演。招生官对于学生的乐队是什么类型的，有什么样的"大腕"捧过场，去哪里巡演并不在意。他们需要看到学生在组建、排练、活动、演出等场合中遇到了什么样的问题？如何去面对？团队如何统一？是否克服了困难？成功还是失败？是否拥有了经验与教训？对未来有什么影响？是否还会要继续坚持？对于学校与周边社区的影响？等等。因为招生官并不需要一支未来的"披头士"乐队，而更希望找到拥有不断成长，获得成熟，拥有热情并能积极解决面对问题的潜在"成功者"。

至于活动的领域与范畴，在学生申请所填写表格中，活动作为一项重要栏目已经将相关的项目领域进行了罗列，以供大家参考选择。比如：视觉艺术或表演艺术领域探索、各种俱乐部活动、社区服务投入、爱好兴趣、体育运动项目、工作经验或者志愿者活动、家庭承担的责任等。

> 活动体现了素质，而什么样的素质是招生官比较认可的？

⚑ Shiny 老师的观点

很多家长与同学听说美国顶尖大学招生官对于学生的领导力比较专注与青睐，进而希望从事各种彰显自身领导力的活动，说明自己具有了领导力。其实对于大学来说，学校的多元构成不要求全是拥有领导力的成员聚集，学生各种优越特征与素养都是大学所关注与期待的。在传统与常规学习和成长过程中彰显出相应的能力与素养，自然会脱颖而出。

正如本书开始所阐述的，每一个个体存在于社会之中，都拥有千姿百态的成长路径与鲜明特点。大学申请其实只是人生轨迹的一个小小的事件，考虑到未来发展与人生成功才是远见。中学学生所做的活动、所培养的能力与素养不仅仅是为了进入某些大学，而是为将来做铺垫。投入活动、发现自我优势与价值、与人和谐协作、独立自主面对问题挑战、善于发现问题、积极寻找解决方法、保持正确的心态面对失败与挫折、汲取经验、为了未来的成功与辉煌做好准备等，这些才是在学校阶段参与活动的真正价值与学生拥有的最宝贵财富。

第三节 冲刺阶段 ▌

进入了十二年级（高三），更确切地说，在十一年级（高二）下学期，学生与家长就已经开始加速途中跑，为最终申请环节做冲刺的准备。升学指导顾问、家长和同学逐步从前期的打基础、做准备、参加考试、从事各种课外活动与项目过渡向最终关键环节——申请季发起"冲击"。那么在申请阶段又有哪些需要规划与准备的呢？本节将会给大家进行介绍。

一、选校

> 申请的过程是自我发现与找到符合自己发展的高等学府的过程。无数招生官都会用同一个词来回答学生与家长的提问——"我们如何选择学校？""我的孩子能否会被您的学校所录取呢？"答案就是："合适/适合"的学校。只有那些可以给学生提供最好的大学教育与完美的大学学习生活体验的大学才是最好的。而学生的差异性也决定了适合学校的不同。选校名单需要在申请阶段的一开始罗列出来。通常，学生与家长往往会按照某些排名来挑选学校。其实这并不难理解。毕竟绝大多数父母没有在美国学习过，也无从了解都有哪些大学，哪些大学会比较适合学生，更不用说学生自己。那么，我们在选学校的时候应该考虑哪些因素呢？

▶ Shiny 老师的观点

考察学校需要在以下几个方面进行考虑：地点、环境、规模、费用、学术、学生服务、公立/私立、多元化、校园文化及其他。

1. 地点

指的是学校所处的地理位置。4000 多所高等学府遍布美国全境，而大家对于美国大学的了解除了对排名的关注，很少顾及学校所处的位置。但是，敬请大家注意了解学校的地理位置以及所在区域相应的气候特征，毕竟，学生会在这些学校学习与生活四年。

2. 环境

环境不同于地点。它指的是学校所处的位置与周边社区状况。比如，一所学校到底是在市中心、郊区，还是乡村？目前国内申请者主要还是对坐落于城市中的学校更关注。但是美国校园暴力、枪支泛滥、城市中央与周边暴力事件频发的负面新闻层出不穷，致使很多家长和同学考虑在环境优美、安全的乡村立足，那里的文理学院教育水准也是顶呱呱的。不过，考虑环境一定要把周边的服务和配套设施算在内。将自己生活的各种元素加入选校参考因素之中，才会让自己不后悔。

3. 规模

规模首先指的是学校里学生和老师的数量。美国大学包括各种研究型大学、通才博雅教育主导的文理学院，还有各种针对某些技能培养的专项学院。学校规模跨度很大，有的多达数万人，而有的却四个年级人数不到 1000 人。学生和家长需要根据自己的特点与喜爱来进行相应的选择。比如，大众对于学术越来越重视，都在强调老师对于学生的关注度。所以，在选校时要看看该校老师与学生的师生比例。这些都会在学校宣传媒介中被标注在显著的位置。渴望与老师交流，希望得到老师的关注，与同学互动，能够快速融入学校氛围和克服文化冲击（culture shock）的同学与家长更会青睐精英博雅教育。

4. 费用

很多来自中国的申请家庭对于费用与开销还是很在意的。的确，目前大多数申请家庭都是自费支付学生的大学本科教育。所以，"量力而为"，在投入的同时获得高回报率是选校的一个前提。在美国获取本科教育可不是遵循"最贵的就是最好的"原则。

5. 学术

关于学术方面的思考，申请的同学和家长都不会忽视。通常，申请者会把学校排名与学术专业等放在首要的位置。那么，学术到底指哪些方面呢？第一位是学校的课程与专业的设置。在大科目领域中有没有学生感兴趣的专业设置？如果和其他很多同学一样决定不确定专业（Undecided），那么这所学校中有没有广泛的课程与专业选择供学生进行探究、接触和了解，以便能在接下来的"磨合"中最终决定学生的专业发展方向？该学校采用的是"核心课程"还是"开放课程"体系？教学模式是讲座式的，还是强调学生参与的小组讨论形式？基础课程是谁来教授？教授还是研究生？ AP 分数是否可以抵换一些基础课程学分？另外，当强调学生自我研究与参与课题研究时，是否学生在大一或大二时就获得相应的机会？所有这些，在权衡学校的学术领域方面时都要心中有数。

6. 学生服务

对于这一方面，很多学生和家长并不在意，其实它也是很重要的。它不仅仅涉及国际学生服务中心的常规业务，还会扩展到很多领域与方面，对学生的生活、学习与未来出路都会产生重要的影响与作用。比如，是否有针对国际学生设立的各种俱乐部、社团、联谊活动？学校是否提供各种在校打工机会、实习的可能，以及帮助学生处理 OPT（毕业后获得短期留美工作机会）事宜？学校有没有设立职业中心，帮助同学获取更多有效信息和提供招聘展会（job fair）？等等。

7. 公立 / 私立

很多家长和同学认为公立和私立的美国大学主要是教学质量和学费的差异，习惯性地认为私立大学学费较高，教学质量较优；而公立学校学费较平易近人，但是教学质量不如私立大学，学生来源也是参差不齐。其实，很多公立大学系统的专业设置选择余地很大，而且其间不乏口碑超群的"顶尖"院校。如果有的家长与学生有名校情结，大家可以查看多年前的本科大学排名，很多公立大学傲视群雄。

8. 多元化

在大学的学习生活中，朝夕相处的除了知识还有老师与同学，而这其中，同学是主体。那么就读前了解将要攻读学校的学生组成成分，即了解学生多元性的构成，不可小觑。同学都来自于哪些国家？家庭社会背景如何？宗教背景怎样？男女生比例？国际学生比例是多少？等等。以便同学与家长根据自己的一些喜好来甄选对应的学校。

9. 校园文化及其他

美国很多高等学府建校早，历史久远，散发出浓厚书卷味道的同时也保留了很多学校传统。同学们需要了解或知晓这些传统，分析思考一下这些学校的特点，寻找是否有"似曾相识"的那一份"姻缘"。比如，有的学校 Greek life（兄弟会、姊妹会）气息浓厚，有的学校每逢周末校园就是固定的人群，社会文化融入比较困难。有的学校强调标新立异，充满个性，勇于开拓。有的学校则会强调校园传统文化的保留与继承。

此外，目前很多家长和学生还会考虑到周边环境安全性和当地社区对中国学生的态度，以及交通方便性。毕竟大家不想让刚刚成年的孩子到一个人生地疏，被冷眼侧视的地方生活。

> 那么，除了去校园参观以外，还有什么形式或途径可以获得学校信息呢？

Shiny 老师的观点

考察学校的途径通常有四个：① 市面上各种学校汇总手册或学校介绍。② 浩如烟海的网络信息资源。③ 学校官方的招生咨询会或学校官方招生官入校访问介绍会。④ 中学给学生提供的申请平台上海量大学介绍。

1. 市面上各种学校汇总手册与学校介绍

我们可以简单地把它们分成几大类进行针对性的分析，也同时培养了一种批判性思维的能力。

一类是那种大部头的。代表的有 College Board 出的指南（hand book），每年一册。里面包括学校各种客观数据，如地点、学费、入学标准要求、标准化考试参考分数线、学术专业设置等。

另一类是很多经验丰富的从业人士撰写的自己对于各个代表性学校的介绍、评价和分析。这类书中也会有学校的客观数据展示。具有代表性且为升学指导顾问所推崇的是 *Fiske Guide to Colleges*。当然还有很多出版社发行的相似系列丛书：比如 Princeton Review 出品的 *The Best 360 + Colleges* 丛书，还有巴朗出版的 *Best College* 丛书等。

最后一类其实也是"专业人士"的评论。但是这些专业人士来自于各所大学学校目前就读的学生。个人对学校的评价，不论是优劣好坏还是得失成败都被分享出来，与潜在的申请者进行心对心的沟通。这种知情者的评述，从另一个角度为即将申请的同学和家长答疑解惑。

2. 网络信息资源

网络资源可以被比作世界最大的免费图书馆和数据库，申请者可以在网上查询到任何想要的信息和内容。

首先，学校的官网。一定要确定是学校的官方网站。上面有学校各种准确且客观的信息，而且是随时更新。这些最新变化在其他手册和印刷品上是无法找到的。而且网站除了信息丰富，形式也是多样。比如，视频介绍、模拟学校校园游学（campus tour）、历史事件回顾、人事变更新闻专访等。强烈建议如果想了解学校就从学校官网开始。

其次，第三方网站数据库的调查研究。有很多类似的网站可以供大家参考。这些网站除了学校的基本数据和信息外，个别提供了一些工具，根据同学的实际情况，解决学生与家长的困惑与难题。比如，http://www.collegeboard.org, http://colleges.usnews.rankingsandreviews.com/best-colleges.

再次，在网络上也有类似知情者观点分享的交互讨论平台。这些网站汇集了各种与申请和录取有关的人士，网罗了各种信息。大家可以在上面提问，也可以看到自己感兴趣话题的Q&A（问答）内容，查看历史对话，甄别选择有效消息。目前比较流行和受欢迎的网站有以下几个：

www.unigo.com., www.collegeconfidential.com.

网络上的信息有着时时更新、快捷迅速、海量无限等好处。但是弊端和缺陷也是有的，那就是可靠性与个性化的缺失。希望大家对网上信息进行印证和确认，再去应用。

最后，近几年美国大学对于社交媒介和交流工具的功能与影响力兴趣甚浓。很多大学招生办创立博客、Twitter 和 Facebook 账号，常年积极维护更新，与申请者保持紧密联系和信息无缝通畅对接。学校还设立中文迷你网站（minisite）和页面，面向中国申请者和家庭的需求，创立微博和微信公众账号。学生和家长可以从中获取官方的信息，并与招生部门进行直接对话与交流，减少了彼此之间的信息差。

3. 各种学校官方的招生咨询会或学校官方招生官入校访问介绍会

各大学招生办代表往往在拜访中学时召开招生说明会（Information Sessions），举办大学咨询会。招生说明会是了解学校的宝贵机会，往往给申请者与家长一幅整体的图像，将学校的方方面面展现给听众。由于招生官目的鲜明，就是要让学生与家长了解自己的学校，喜欢上自己代表的大学，所以讲述的肯定都是学校中光彩灿烂的闪光处或成就。

如同美国大学教学一样，课堂强调互动与交流，招生宣讲会也是双向的沟通。学生可以在事先了解学校的基础上准备好问题，就不理解与无法找到答案的方面与内容同招生官进行求证。大学招生咨询会则往往是很多大学组织起来，或由学校介绍宣讲为起始，或直接由各所学校搭展台，学生、家长与招生官进行面对面交流与咨询，目的是为了给学生和家长更多的自由与个体时间来获取自己感兴趣的信息。

4. 中学给学生提供的在线申请平台

比如说 Cialfo 或者 BridgeU，等等。家长拥有这些平台的端口和账户，可以登录进入查询。这些平台除了在最后申请季时将申请材料进行统一汇总，比如成绩单、推荐信等传递给所申请的大学外，也会提供海量的大学信息。并且升学指导顾问可以通过该平台所提供的往年申请者数据，给学生、家长进行分析，进而做更加精准与专业的选校指导。

> 获取学校的各种相关真实信息是极其重要的。在这个基础上，学生根据自己的实际需求、条件、特征和喜好等来确定相应的申请学校名单。那么这个名单是什么样子的呢？确定名单时还需要注意哪些事情呢？

⚑ Shiny 老师的观点

首先选校名单上学校数量大概在 12～15 所。

当然，这不是最终的名单。可能最后会有增有减。但是，理论来讲，这个数量区间既可以让学生和家长放心，也不会增加后面具体申请过程中的压力与负担。

选择学校的类型应该根据自己的实力分成三个档位。分别是可能被录取的、极有可能被录取的和肯定会被录取的，也就是国内专业人士常说的需要争取的、合适的和保底的。

然后，回答这样一个问题"Who am I？"

除了上面所说的各种方面需要考虑，选校还有一个最重要的环节就是对自己的认知和反思，知道自己是谁。只有这样，学生才能理性分析除了客观数字需要满足招生需求外，为什么某些学校是最适合的（perfect fit），而有些学校不是合适的"菜"。

中国学生和家长一直有一个误区——"排名越高的学校越好，越难进的学校越好。"其实，学校好与不好是要看求学的学生是谁，合适的学生进入合适的学校才是王道。

二、申请策略与时间节点

申请季来临之际，学生们除了需要尽早确定好选校名单，准备出相对满意。证明自己学术水平与语言能力的标准化考试分数以外，还要确定申请时间线以及申请的相关策略。由于美国大学本科不是全部的大学在同一个时间点接受所有的申请材料，而是拥有很多种不同的招生计划和招生原则，所以学生和家长一定要了解这些原则与计划，制定相应的申请策略与设计时间节点，争取最大化的受益，为最终理想的申请结果做努力。

> 都有哪些类型的招生和录取计划？

★ Shiny 老师的观点

通常来说，申请计划与录取方式包括三种：① 常规申请，② 滚动录取，③ 提早录取。

1. 常规申请（Regular Decision）

常规申请，顾名思义，是大多数的申请者首选的申请计划与方式。一般来讲，采用常规申请的大学要求申请者在新年某个时间节点（即1月1日或1月15日）之前提交所有申请材料。通常在4月1日左右发布录取结果与通知。由于学校各异，时间节点尽管相近，但也是不同的。所以申请者需要查阅官网，确认申请截止日期以及通知结果的时间。很多州立大学拥有自己的申请系统和节奏。比如，加州系统的学校拥有自己的申请表格与平台，申请截止时间也是与众不同，时间为每年11月30日。

常规申请方式在4月1日左右发布的结果通常分为三类：① 录取，② 拒录，③ 等待候选。绝大多数的学校需要被录取的学生在5月1日之前向大学回复自己的决定与选择。

2. 滚动录取（Rolling Admission）

采用滚动录取方式的大学通常没有一个具体的时间节点作为截止日期。实际上，这样的大学会给出一个相对宽泛的时间区间让学生提交申请材料。而越早提交的申请材料会越早被招生官阅读与审阅，进而得到较早的申请结果。学校会一直接收申请材料，只要大学认为还有录取名额。与常规申请一样的是，学校需要被录取的学生在5月1日之前回复自己的决定与选择。滚动录取方式的结果往往是两种，即录取和拒录。

3. 提早录取（Early Admission）

提早录取比较复杂。广义上讲，包括两种方式，即"提早行动"（Early Action），还有"提早决定"（Early Decision）。

- **"提早行动"**。采用"提早行动"方式的学校，需要学生在比较早的截止日前提交申请材料，并会较早获得申请结果的通知。提早行动方式是没有"绑定"协议与约束（即当申请者被该学校录取后，申请者可以选择不去），并且可以继续申请其他学校。同样，学校需要被录取的学生在5月1日之前回复自己的决定与选择。"提早行动"的申请方式往往会得到三个结果：① 录取，② 拒录，③ 延迟。如果学生得到了延迟决定，那么申请者的申请材料会被放入常规申请的计划中，也就是说，该申请者会与其他常规申请的学生一起再被考虑与筛选。

- **"限制性提早行动"**。这是"提早行动"中特殊的申请方式与计划。采用这样方式的大学比较少，通常为世界闻名的顶尖大学。既然是"提早行动"的范畴，那么该方式对于申请者来说是没有"绑定"协议与约束。这样的申请者会比较早得到申请结果通知。录取的学生也须在5月1日之前回复自己的决定与选择。然而，申请了"限制性提早行动"大学的学生可以申请常规申请计划和无"绑定"协议的滚动申请学校，不能同时申请其他"提早申请"（包括"提早行动"，"限制性提早行动"和"提早决定"的学校）。同样，"限制性提早行动"的申请方式往往会得到三个结果：① 录取，② 拒录，③ 延迟。如果学生得到了延迟决定，那么申请者的申请材料会被放入常规申请的计划中，该申请者会与其他常规申请的学生一起再被考虑与筛选。

- **"提早决定"**。"提早决定"的申请方式与"提早行动"最大的区别在于"提早决定"是有"绑定"协议与约束的。也就是说，如果申请者申请了某所学校的"提早决定"的申请方式，那么如果该学生被通知录取了，则该学生需要立即撤回其他学校的申请，如果已经被"滚动录取"的学校录取了，则要发邮件告知自己不能就读的决定，因为该申请者只能去这所"提早决定"录取的学校就读。"提早决定"的申请方式往往会得到三个结果：① 录取，② 拒录，③ 延迟。如果学生得到了延迟决定，那么申请者的申请材料会被放入常规申请的计划中，该申请者会与其他常规申请的学生一起再被考虑与筛选。此外，申请"提早决定"的申请者及其家长与升学指导需要签署"提早决定"同意书（ED Agreement），以便保证大家对于"绑定"协议与约束的知情权及相应的"法律"效力的知晓。另外，个别学校目前还有"提早决定"2（Early Decision Ⅱ）的申请方式。这个方式主要是时间节点上与常规申请相似，但是申请的结果会比较早发布，其他原则是相似的。

选择"提早决定"方式的学校意味着申请者对于这所学校的热爱与笃定的向往，而同时要意识到自己会因此放弃很多选择与机会，这样的申请一定要谨慎与慎重。

> **"提早决定"的申请方式是否更容易让学生被录取？**

🚩 **Shiny 老师的观点**

这个问题比较难回答。不过事实上，一方面，各个学校的录取策略不同，同时每年的申请情况不同，无法一概而论地说概率高低。另一方面，大学录取的时候需要考虑实际入读率（也就是说在录取通知发出后，有多少学生真正会来就读的比例）。由于"提早决定"的特殊性，录取的学生几乎是肯定来学校就读，理论上录取多少就读多少，那么在设计来年这一届就读学生的整体中划拨"提早决定"方式录取学生之后就剩下"常规录取"的学生。

最后提醒申请者，任何在"提早申请"的方式中不幸得到拒录结果的申请者不能按照"常规申请"方式再次申请该学校。而如果"提早申请"的结果是被延迟，那么请申请者在接到通知后须更新申请材料，向申请的学校表达个人对于申请学校的向往与持续的兴趣。建议申请者查阅学校官网招生页面，获取最新信息。

∽∽ 申请文书 ∽∽

> 在整个申请美国大学的复杂工程中，被很多人称为"最为重要的与核心的""花时间与精力最多的"，同时又"最吸引人"的环节就是申请文书的撰写。不过凡事都有两面性。换句话说，申请文书写作也是让申请者最为焦虑与纠结的环节。那是什么原因呢？

▶ Shiny 老师的观点

一方面，申请者需要用写作来传递自己的思想，表达自己的想法，呈现自己的特征，剖析"我是谁？"等这些维度与内容。中文都未见得能很好地达到效果，更何况用非母语的英文，难度可想而知。

另一方面，根据以往的经验，中国申请者对于申请文书往往是忽略与不重视的。原因有很多：要么是因为在忙碌申请时，标准化考试始终没有达到自己满意的分数，学生忙于备考，没有时间进行思考与打磨文书；要么受社会与历史原因影响。根据中国传统升学路径来分析，国内的升学要求没有类似的非考测环节。比如，这种需要自我了解与自我认知后用文书表达。更何况，申请文书不是通过打分的形式区分写作水平。它的重点是文书内容所呈现的内涵。除此之外，中国学生升学很少经历自我分析与自我发现的过程，对于这样的环节难免有些尴尬与不知所措，会无从下手与踌躇不前。

另外，申请者需要清楚理解申请文书的使命与作用，它不仅仅是告诉招生官你是一个什么样的人，而且它也承载着对申请者写作能力、语言表达能力的诠释。即使申请者是有思想、拥有鲜明个性、风趣与创造力优点集于一身的，如果无法用语言清晰表达出来，招生官会质疑申请者写作能力能否支持思想，是否达到大学学术表达能力要求。不过，考虑到申请者来自于中国，文书过于行云流水也让人有些疑虑。"真实"是最最重要的。

1. 申请文书的种类

> 申请文书包括几种类型呢？是否有需要特别重视的文章呢？Why 文书是什么？

⚑ Shiny 老师的观点

申请文书不是只有一篇。在通用申请表格即 Common Application 中会有一篇主文书要求个人陈述（Personal Essay 或 Personal Statement）。字数为 250～650 字。题目为 7 选 1。

- **Some students have a background, identity, interest, or talent so meaningful they believe their application would be incomplete without it. If this sounds like you, please share your story.**

  不同学生有不同的背景、身份、兴趣、天赋，以至于他们坚信他们的申请需要展现这些特质。如果这符合你的情况，请跟我们分享你的故事。

- **The lessons we take from obstacles we encounter can be fundamental to later success. Recount a time when you faced a challenge, setback, or failure. How did it affect you, and what did you learn from the experience?**

  我们生活中面临很多挑战其实是未来成功的基石，跟大家回顾一下一次你所面临的挑战、挫折或者是失败。这件事是如何影响到你的？你从这段经历中学到了什么？

- **Reflect on a time when you questioned or challenged a belief or idea. What prompted your thinking? What was the outcome?**

  回顾你曾经怀疑以及挑战的一个信念和想法。什么地方引发了你的思考？结果是什么？

- **Describe a problem you've solved or a problem you'd like to solve. It can be an intellectual challenge, a research query, an ethical dilemma — anything of personal importance, no matter the scale. Explain its significance to you and what steps you took or could be taken to identify a solution.**

  描述一个你曾经解决或者你想要解决的问题。它可以是你智力上的考验，一个研究问题，一个伦理上的两难处境——或者任何你个人觉得非常重要的事情，无论事情的大小。解释为何它对你是非常重要的，你对此问题处理的过程或者是你解决它的结果或过程。

- **Discuss an accomplishment, event, or realization that sparked a period of personal growth and a new understanding of yourself or others.**

  讨论一下你成功完成的一个活动、事件或者领悟。这个活动引发了你的个人成长和你对自己及其他人的全新理解。

● **Describe a topic, idea, or concept you find so engaging it makes you lose all track of time. Why does it captivate you? What or who do you turn to when you want to learn more?**

描述一个话题、想法或者观念，让你非常忘我和着迷。为何它让你着迷？当你想要就此学更多时，你找到了谁或找到了什么？

● **Share an essay on any topic of your choice. It can be one you've already written, one that responds to a different prompt, or one of your own design.**

写一个你任意想要写的主题。

同时，很多大学需要申请者填写补充材料表格，其中会有补充文书需要完成。形式包括申请短文章或就相应问题的短回答。不论是通用申请表格中的主文书还是补充申请表格的补充文书和短回答，都会给招生官一个了解申请者的角度，也是申请者可以向大学招生官展示自己多方面、多层次以及多维度的宝贵机会。补充表格中的短回答和文书中往往会有一个题目，就是"为什么选择我们学校？"（Why?）

请注意，不要忽视与怠慢补充表格的内容。不论回答字数限制是多少，不论要求用什么样的文体去呈现，哪怕是一两个句子的回答都有重要的意义。另外，申请者不能侥幸及不责任地认为别人（如独立申请升学指导顾问、中介，甚至升学指导顾问）会帮助把控各种文书的特殊要求。因为每所学校的补充文书都有个性化特征。

2. 申请文书的撰写

既然申请文书如此重要，撰写这样的文章必定要精心琢磨、认真打造。听说有的学生为了申请文章写了数十稿。那么，应该在什么时候开始策划和构思文书呢？

⚑ Shiny 老师的观点

对于主文书（Personal Essay）的着手思考，应该是越早越好。在申请季，很多同学要忙着准备申请材料，选校、撰写文书、填写表格、迎接面试、面对各种突发问题，等等。此外，如果在申请季前自己的标准化考试没有达到理想状态，学生们还要多次备考与测试，国内考生需要往返奔波于考点。综上所述，文书的策划构思与落笔最好在申请季来临之前开始。

撰写主文书的起点是选好题目与角度，一个好的角度是文书成功的保证。而这恰恰是撰写文书"艰难"的根源。学生经常反映没有思路，完全不知道写什么。到底该如何选择角度呢？

⚑ Shiny 老师的观点

不论选择通用申请表格中哪一个文书题目，关键的核心是一致的。即申请者如何证明自己是什么样的人。在其他材料之外，申请者如何通过文书使自己鲜活生动地呈现出个性与特征。只要能达到这两个目的，那么文书选择任何角度与内容都是可行的。很多时候，申请文书来自申请者人生的体验与经历。因为这些事情真实而有个性。习惯性上，大家都愿意选择有"划时代""人生重大转折含义"的事件来证明自己。其实，如同语文老师指导学生写作文一样："大话题、伟业"入手，行文会很困难，而且难以触及心灵。而恰恰一件小事却会发人深思，"以小博大"。另一个建议是不要试图揣摩招生官渴望看到什么角度的故事与文章。浪费时间臆想不如主观思考，找到最让你记忆深刻而又意义非凡的时刻与经历。

走过申请季后，学生可能发现申请主文书没有哪一个角度与方向让自己最满意，所以在前期的选题过程中不能过于挑剔。因为对任何一个被选中的角度与题材进行深挖掘打磨，都可以是一篇充分呈现自我的优秀文章。

> 当确定了角度与题材，接下来将会更加"折磨"人。应该如何成文，即落到笔头上用文字如何表现出来？

⚑ Shiny 老师的观点

这不是平时的写作练习一蹴而就，也不是学科小作业的书面表达与结题小论文。它不能通过套路与模版来完成，也不能随性的东一点、西一些地拼凑。通常，一篇比较成熟的文章需要至少 7~10 稿的反复打磨才能成型。因此，最好在高三申请季开始之时，申请主文书的第一稿就能有个模样。

头两稿的文章可能会比较"粗犷"，不像一篇申请主文书。没有关系。申请者需要将自己挑选的角度用真实素材展示出来。此时，只要把自己想到的，有关这个角度与方向的素材与故事一股脑儿堆出来就好。因为素材支撑角度题材，是文书的主干。而主干不论是多么"丰满与超重"都没有关系，因为申请者需要在后期对它进行"减肥"。

而后的几稿则关注故事与素材的本身，即故事的流畅性、主题核心的紧实与统一、故事与人生成长变化自然过渡的逻辑性、细节与主题的关联性、前后的呼应等。有时还需要优化结构安排。举例来说，开头是否吸引读者，在这个阶段，申请者需要学会"缩写"与"扩写"。也就是说当看到对主题与角度没有太多关联与用途的"累赘""包袱"需要果断删去。反之，如果有的事件描述过于简单与"骨感"，以至于出现了漏洞与矛盾，那么补充必不可少。我们需要一个有趣的故事、有意义的文章，但前提必须是结构完整、符合逻辑、不能自相矛盾。

再后面的几稿，申请者需要关注文章是否代表了自己？读者读后是否了解你的特征？这里强调的不仅仅是内容，同时还有文章的风格。因为文书承载的另一个职能是让招生官了解申请者语言表达与英语的写作水平。招生官们会经常和学生强调撰写文章要展示而不是叙述（To Show Not to Tell）。这里也提醒申请者不要象征性讲空洞无物的口号与定义性的句子。

剩下的最后几稿，申请者需要将字数减到要求的数量。除了对于内容要提炼，语言也要更加精练。另外，请将成稿的文书给周边的朋友、父母、老师、升学指导顾问阅读，听听他们的反馈与意见。是否可以只看文书就可以判断出所写的主人公是申请者本人？当然，文章归根结底是申请者的声音与真实自我呈现。这就意味着不论别人提出什么建议，申请者需要根据自己的判断，决定修改方式。因为任何人都代替不了你。最后，千万要注意文章语言中的单词拼写、标点符号等细节，不要出现低级错误。因为当申请态度被否定，招生官认为自己被轻视与怠慢，后果肯定会让申请者后悔莫及。

3. 补充文书的撰写

> 很多大学会在学生补充材料中设计一些问题。有需要学生简短回答的问题，也有补充文书的任务要求。最常见文书的题目是 Why？例如，为什么要选择我们学校？表面看是一个通用的题目，但是申请者要差别性地对待回答，因为每个学校希望通过这篇文章看到学生与学校之间的契合度。这时学生们应该如何应对呢？

⚑ Shiny 老师的观点

千万避免只准备一篇"万能"文章。即学生简单调整，进行修改后投递所有大学的 Why 文书。每篇 Why 的补充文章都要认真思考，仔细琢磨设计。招生官既然希望看到更多写作文章，那么请珍惜这样的机会，让他们听到更多真实的声音，表达出你对这些梦想学校真心的热爱与向往。相反，如果招生官在字里行间中看到申请者的傲慢与随意，受到"伤害"后，他们绝对不会给你一个"出乎意料"的结果。

撰写 Why 文书不能只是敷衍而草率地将大学所在城市加以赞扬，个别明星校友加以膜拜，或者提一提某个著名的教授与"高、大、上"的实验室、顶尖网红的体育场馆，等等。一定要确实地了解这所学校的方方面面。什么方面让你为进入这所学校而感到兴奋与骄傲？哪些事情会让你印象深刻？因为招生官比你更清楚自己学校的那些了不起，所以除此之外，请一定要加上自己为什么认为这样的内容与你息息相关，有机会也要阐述自己将会为这所学校带来哪些"财富"与做出哪些贡献。

当然，申请文书写作是一个大话题，很多专家与升学指导顾问关于这个方面写了很多专著，供学生、家长、升学指导顾问来参考。但请一定记住，别人超赞的文书、绝妙的构思、隽秀的文笔，都不能代替你的声音与身份。此外，不要相信某位同学进入了某些顶尖学校只是因为申请文书的精彩，招生录取是全面综合考量，文书只是"拼图"中的一块。

三、大学面试

申请季的同学在填写完申请表格、递交申请之后，通常会收到所申请学校提供给申请者的个人申请账号，以便学生可以时常查看申请状态以及更新信息。有时申请者会收到校方要求进行面试的通知和邀请。那么，面试的目的是什么？

▶ Shiny 老师的观点

面试首先不是个"考试"。被面试的申请者回答没有对错之分，面试官不会难为申请者去解决高深的学科难题。归根结底，面试就是一场对话。从招生官角度来说，它是一个更好地了解申请者的机会，是多角度具象地感知一些不能用数据或事实来定义申请者属性的绝好途径。反之，对于申请者来讲，面试是一个全面展示自己、证明自己和补充加分的绝好机会。同时，面试也是申请者了解申请学校，找到自己心仪高校的平台。

常规来说，都有什么类型的面试呢？听说过校友面试，那么招生官会给申请学生做面试吗？

▶ Shiny 老师的观点

美国大学申请过程的面试有很多种形式，根据功能来说有偏信息传递型面试（Informational Interview）、偏评价型面试（Evaluative Interview）。Informational Interview 主要是学校给学生介绍学校的方方面面，包括课程、住宿、教授，等等。其间，申请者可以利用这个时间提出自己的困惑或不解，而获得第一手信息，以便比对自己是否与学校匹配。当然，学校同时也能了解申请者，但这不是重点。Evaluative Interview 则相反。学校需要了解学生，面试范围很广但都是围绕学生展开。这种面试学生可能会有问问题的机会，但是主要是学校问询为主。而评述报告基于学生的表现和留下的印象，呈交招生办。

按照给予面试的对象来划分，又分为招生官面试、校友面试、授权第三方面试等。招官通常是在职人员。当然有时也会由在学校招生办进行实习的大四在校生进行面试。他们都是经过学校严格的培训后上岗。校友面试指的是该学校的毕业生所提供的面试。大家都本着为母校做贡献的精神，义务为母校服务。面试形式通常有公司或咖啡馆中面对面聊天，也有跨时区进行 Skype 面试。众所周知，随着中国申请者的迅猛增长，面试作为一个非常有效了解申请者的手段，越来越被重视。但是，有的学校没有足够的人力去做每一个申请者面试，于是第三方面试机构就相应而生。学生在这样的机构注册申请面试，在结束后可以根据学生的要求将面试视频或结果发到申请学校，以便招生办进行参考。例如"初鉴（InitialView）""维立克（Vericant）"就是这样的面试机构。

由于各个学校招生策略不同，各个招生办公室对申请者的面试形式也会大相径庭。有的是采用上面提及的某一种，有的接受和采纳上面多种形式。比如康奈尔大学接受第三方面试提供的材料，同时也会有校友面试。宾夕法尼亚大学则承诺会为每一位申请者提供校友面试。曾经还有一所顶尖文理学院由于当年申请的学生太多，决定进行 Email Interview。其实不管什么样的面试，申请者都可以通过它，把数据和文字这样相对冷冰冰的申请材料定义的"你"变成鲜活、有思想的"大活人"。

> 面试时应该注意哪些事情？怎样做才能让申请者持有良好心态，保证稳定或超水平发挥而为申请"加分"或成功"逆袭"？

⚑ Shiny 老师的观点

1. 面试前的准备

首先，申请者要知道自己是谁。申请的同学必须花时间了解、反思自己是谁。最好的方式就是在去面试之前不断给自己提一系列问题，然后自己斟酌、思考和回答，在这个过程当中，学生自然会逐渐看清镜子中的自己，这样便于双方找到彼此的"真爱"。这也是本书一直反复强调的多问 Why 的问题。"为什么我会参加辩论社？""为什么我会选择这所学校？"等是不够的，而应该是对于这些问题回答后的深度反思——为什么？比如你谈到最引以为骄傲的活动，还要进一步问自己为什么要做？为什么要继续？等等。

其次，要了解申请的学校。通常面试中都会有让申请者提问的环节。如果能从问题看出申请者连申请学校都不了解，或是申请者问了一些在学校官网或招生宣讲中可以轻松找到答案的基础问题，那么这只会让面试官怀疑学生的诚意，甚至会感觉受到不被尊重，结果可想而知。

最后，如果有可能，可以进行一次模拟面试，毕竟有一些用非母语进行交流面试的"经验"还是会让申请者踏实一些。

2. 面试时需要注意的事情

首先，真诚与坦率地表现真我。

前面已经说到面试回答没有对错。那么真诚地面对问题，坦率地表白是对自己和学校最负责的表现。不能先臆断什么样的学生是这所学校需要的，而后主动表现成为那样的申请者。陈述事实不要夸张吹牛。面试官需要看到真实的申请者而不是装在套子中的虚幻人物，他们要想象如果学生在来年的学校教室里会是一个怎样的状况。分享不等于吹牛。所以在准备面试时，把自己的课外活动、奖项、经历体验等列表，进行总结与反思。通常面试官更乐于对于一两个活动深挖掘，而不是听学生泛泛地报流水账。

其次，态度要主动与积极。

向来主动与积极是成功的一条"捷径"。面试也是如此。申请者的积极与外向，亲和与主动会给招生官极佳的面试体验。但是要保持个度，"称兄道弟"似的一见如故就不要了，真诚通畅的交流才会达到最佳效果。

再次，有礼貌，举止大方至关重要。

大家会觉得面试有礼貌是必然，但其实很多面试者确实没有做到位。举例来说，申请者有没有准时、按时到达面试地点？

最后，第一印象的关键是服装。

原则就是得体、干净和整洁。女孩不要穿得太出格。男孩不必要穿西装，整洁得体十分重要。例如有的男孩喜欢运动，那么不要让人觉得是刚刚健身后与面试官见面。

3. 面试之后的事情

当一场酣畅淋漓的面试结束后，这时应该写一封简短的感谢信让这场面试完美收官。一个礼貌的姿态自然必不可少。其间一定要感谢人家百忙之中抽时间给予面试。但是一定要记住这是个便条，也就是说应该是简洁与适当。

有关面试的其他问题：

- 校园面试与校友在国内的面试，要一视同仁，因为同等重要。

- 通常学校不会提供多次面试机会。学生如果已经做过校园面试，那么当招生官到中国做招生宣讲和面试时，不会给他第二次机会。因此要想取得面试好效果，准备充分绝对很重要。

- 理论上面试语言应为英语，但是有些校友喜欢用汉语与面试者聊天。个人觉得面试还是要尽量用英语表达，毕竟要去一个英语为母语的大学求学。面试者对于自己的英语要足够自信，否则面试官会看到学生对于汉语过分依赖。这不是好事情。

四、申请平台与表格

申请美国大学需要申请者在申请平台上填写相关信息后提交给所申请的大学。在整个申请环节中，申请平台上填写表格并不是最难的事情。但是由于有很多同学与家长认为这些事情花费时间与精力，故而草率对待或找他人帮忙。其实，申请过程的每一个环节都是"完整拼图"的一部分，而学生需要尽量呈现真实与完美的自己，不应该忽略任何一部分。甚至，某种意义上来说，看似普通简单与枯燥的填表工作，恰恰是非常关键的环节。因为，学生自我发现的过程与结果都通过这个渠道呈现给招生官，包括那些数据与事实性栏目，它们在定位申请者时发挥作用。常见的申请表格与平台都有哪些？它们有什么不同吗？看起来的确很烦琐的表格在填写时应该注意什么呢？

Shiny 老师的观点

申请者在选校名单确立之后，需要在学校官网上查阅该学校所接受的申请平台与申请表格。目前在大学本科申请的领域，常见的申请平台有通用申请平台 Common App、Coalition、Universal College、加州公立大学申请平台（9 所学校共用一个平台），还有一些学校自己的独立申请表格与平台等。最常被大家使用的是通用申请平台、加州申请平台和 Coalition。

无论是使用哪一个申请表格与平台，首先要注册一个账号。注册 ID 是个人邮箱地址。设置密码时，请记牢。由于很多表格与平台所填写的内容大同小异，主要是了解学生的背景，申请学校选择等，所以下面以通用申请平台为例，简单解释说明各部分内容与栏目。

通用申请表格的栏目可以分为几大类，包括个人信息类、申请材料类、学校目录和财务资助来源等。这里重点讲讲关于个人信息与申请材料的相关内容。

个人信息类一是收集学生的具体客观数据，比如姓名、出生日期、地址、电话、国籍、所使用语言等。这些相关内容便于确认日后需要与学生更新申请状态或者通知学生而做的准备。

二是关于学生家庭情况，包括父母兄弟姐妹等，也会问到他们的学术背景与职业属性等。这些内容帮助招生官更好地了解学生的背景。比如，如果学生为第一代大学生申请者，或父母兄弟姐妹曾经就读于某所大学，这些可以帮助推测出家庭教育选择的倾向性。

三是学生学术背景方面。这个项目非常重要，包括标准化考试历史、现在所就学的中学、以往是否有过学术中断、取得过的学术成就等。学生就读的学校，学校所选的科目，以及高三在读的课程都是招生官所需要的。目前，绝大多数的中学都不会提供排名。注意在填奖项（Honor）的时候，一定注意是学术方面的。不是所有学校颁发的都是学术的，如果是非学术的就不要填了。

四是课外活动与工作经历等。这里需要填写的不仅仅是活动属性与内容，栏目中也要求申请者将所做活动的年级、频率、时间长度、活动中的职能与责任等都要有说明。另外，允许学生可以用少量的文字进行解释与描述。有时由于有空间限制，完整句子无法表现，那么短语与无主句也可以，原则是说明清晰，让人读懂。请注意，所有栏目需要真实填写。首先活动不是越多越好。有的申请者看到申请表格中有 10 个缺省的栏目，认为必须全部填满，故将意义不大的项目填入补缺口，甚至编造活动。这种做法实在不可取。在填写表格前，建议将活动类别加以归类总结，按照申请者认为重要的先后顺序填写。

申请材料类的信息主要包括主文书和选择申请的大学要求的相关补充材料与问题。

申请主文书的重要性，前面的专题已经详细论述了。在这个栏目后面有申请者纪律问题的自报内容与补充信息栏目的填写。纪律问题不仅仅指代遵守校规、校内行为表现等，校外受到的惩戒都包括在内。所以请如实填写。此外个人申请材料在主文书之后还有一个补充信息内容栏目,这个空白处可以不填写。当然如果申请者高中学术或其他方面有特殊情况,且无法在其他地方呈现或说明,可以利用这个空间进行诠释。

所申请学校的补充材料表格与内容通常由每所学校自身定制与设计。一些学校除了补充文书(通常为 Why)要求外,还会设计一些有趣的小问题,目的是希望更好地了解申请者。回答有时需要一个词或者一本书名、一部电影名字等。如果补充文书是选交的内容,为了抓住这个额外证明自己的机会,最好还是提交。

网络的便利和各种社交媒体的出现为申请者提供自我补充材料的可能。通用申请平台上有的学校为申请者提供提交相关链接和文件的端口,希望用多媒体方式证明自己的申请者可以充分利用。

当申请者将所有的申请表格部分完成后,通用申请表格后面会有 tick 的标示来提醒。最后提交前,需要申请者电子签名。如果学生利用"提早决定"的方式申请某所大学,那么还要学生和家长以及升学指导顾问签署"提早决定"备忘录(ED Agreement),确保各方了解"绑定"协议与约束。

在申请者选好所申请的某一所学校后,学生可以输入相应负责人或老师的电子邮箱,在线邀请升学指导顾问和任课教师来提交推荐信与学校报告(School Report)。

加州大学申请平台所涉及的内容与通用申请平台的很多内容是重合的。彼此之间可以相互参考。在申请文书方面,加州大学的申请文书为 8 个题目选取其中 4 个。此外,加州大学申请平台为公用,所以一份申请材料 9 所公立大学都接收有效。如果受到申请表格栏目设置与字数限制,申请者无法充分表达,那么请利用额外补充信息栏,将学校的评分标准、学术活动、研究奖项、家庭背景、学习经历等自己认为重要的内容进行清晰陈述等。

以下为加州大学申请文书的题目:

- **Describe an example of your leadership experience in which you have positively influenced others, helped resolve disputes or contributed to group efforts over time.**

  描述一段你作为领导者给他人带来积极影响、解决争议或者为团队做出贡献的经历。

- **Every person has a creative side, and it can be expressed in many ways: problem solving, original and innovative thinking, and artistically, to name a few. Describe how you express your creative side.**

  每个人都有创造力,而表达创造力的方式不尽相同:解决问题、创新思维、艺术造诣,等等。向我们简述你表现创造力的方式。

- **What would you say is your greatest talent or skill? How have you developed and demonstrated that talent over time?**

  你最出彩的才能或技艺是什么?你是如何逐渐培养并展现这项才能的?

- **Describe how you have taken advantage of a significant educational opportunity or worked to overcome an educational barrier you have faced.**

  请谈谈你如何抓住了一次难得的教育机会，或者你如何克服了眼前的教育障碍。

- **Describe the most significant challenge you have faced and the steps you have taken to overcome this challenge. How has this challenge affected your academic achievement?**

  描述你经历过最艰难的挑战以及你克服困难的方式。这段经历对你的学习有什么影响？

- **Think about an academic subject that inspires you. Describe how you have furthered this interest inside and/or outside of the classroom.**

  哪一门学科激发了你的热情？简述你在课内课外深入追求这份学术热情的经历。

- **What have you done to make your school or your community a better place?**

  你为自己所在的校园或群体变得更好做过什么贡献？

- **Beyond what has already been shared in your application, what do you believe makes you stand out as a strong candidate for admissions to the University of California?**

  除了你在申请中提及的内容，还有什么其他方面能让你在加州大学的申请中脱颖而出？

关于 Coalition 申请平台，目前有超过 150 所大学接收该平台提交的申请材料。尽管使用者相对较少，但是关于该平台的介绍还是有必要，而且某种意义上来说，它的来龙去脉对于大学申请未来的趋势与走向也有参考价值。

> Coalition 是什么？

🚩 Shiny 老师的观点

The Coalition 是 The Coalition for Access, Affordability, and Success 的简称，它是由超过 150 所美国顶尖高校构成的联盟。各高校都致力于为学生提供尽可能是最好的大学教育，而且希望从申请环节就努力做到这一点。联盟成员校除了拥有共同的教育理念外，还具有以下的几个特征：

- Coalition 成员校应该保证让学生读得起。如果是州立大学，对本州内学生，学校按较低的州内学费标准收取学费。而对于私立大学，联盟成员需要能为所录取的美国国内学生提供资金支持，满足学生的需求。

- 所有学校证明能成功培养人才及教育成果的优秀纪录，即提供该校六年的毕业率达到 70%。

Coalition 产生的来龙去脉？

🚩 **Shiny 老师的观点**

大家可能都比较熟悉现在流行的 Common App 申请系统。Common 顾名思义，就是通用，全世界超过 600 所大学都在使用 Common App 系统。按照常理，这套让申请者、招生官和升学指导可以简单与便利地提交材料的系统应该是足够的了，那为什么还会有 Coalition 的出现与存在呢？为什么这些顶尖美国大学还要参与开发或认可加入这样一套崭新的申请录取系统呢？

这要从几年前说起。那一年的申请季，Common App 通用系统改版 C4 上线，申请与录取的各方于 10 月经历了惊心动魄的早申请季。改版的通用系统无法登录，同学们上传材料失败，系统漏洞层出不穷，系统不稳定和连续的问题导致很多美国大学不得不推迟申请时间的截止日期，甚至有的学校连续推迟。家长与学生那时是万分焦虑与紧张。升学指导顾问也是心惊肉跳，唯恐稍有闪失，会耽误学生前程。据说，在那时，数所美国顶尖学校开始思考这种一家独大的情况是否合理。而 Common App 系统设计中对目标大学个性化录取需求的化繁为简，也招来诸多不满。尤其很多学校招办认为只以申请材料作为参考素材进行评价违背了以批判性思维方式筛选新生与转校生的原则，实在是差强人意。即使 Common App 在努力改变和调整，但是"垄断"对于革新的阻碍和对于各自学校想要根据自己的标准进行学生群体构成的个性化申请平台的伤害（比如，使用 Common App 的学校如果想要用自己的或其他的系统，则会有相应的经济惩罚）加速了 Coalition 平台的形成。结合刚刚提到的几年前的事件，我们不难看出只有一个申请系统，Common App 本身也会承载巨大的风险与压力，毕竟些许的问题就会招来巨大的麻烦与非议。

Khan Academy 解释了另一个 Coalition 形成的原因，那就是科学技术的历史使命。除了"互联网＋"运用于各种领域，O2O 可以热火朝天，而科学技术的发展对于教育界来说除了在线教育、资源共享、辅助传统教育等商业运作外，还能做些什么呢？国际顶尖高等教育机构给了一个坚定的回答：可以对高等教育进行改革与促进，而且是从最开始的招生与录取阶段。随着现代化科学技术的发展，申请者、招生官和升学指导顾问及相应多方之间可以有效地连在一起，为学生提供了个性化发展空间与机会，而不仅仅使申请者只关心申请这一个环节，而错失了关注个人的成长过程。

Coalition 平台包括什么？

🚩 **Shiny 老师的观点**

这个平台提供给中学生 3 个免费的在线工具，以便让学生们提早准备大学申请。基于这个平台学生可以把自己所选经历的材料自动集成在最后的申请材料中，并可以在这个过程中分享自己成长与发展的成果与轨迹，让值得信赖的人给予帮助、指导而获得反馈。

第一个工具叫 Virtual College Locker（虚拟大学储物柜）

这个在线的 Locker 可以贮存可能会在申请环节中给予大学提供的部分素材与信息。这个 Locker 的内容可以不断更新，内容与形式可以是多样的，包括生活体验、人生经历、练习撰写的文书、学校的写作案例、上传的照片、奖状、录像等。要知道，在这里学生是主体与核心。学生是柜子的主人，别人无权进行干预，学生自己决定在 Locker 里存储什么样的东西。

第二个工具叫 Collaboration Space（协作空间）

这个平台旨在让 Locker 里面所储存的素材可以被学生分享给他所信赖，并对于学生来说有影响力和重要作用的人士，比如老师、教练、家庭成员等，当然还有升学指导顾问，而后获得他们的反馈。这个平台是一个交流的场所，同时它也会帮助学生通过升学指导指引与帮助了解学校、选择素材，甚至会在这里与招生官进行沟通，来梳理程序、解决困惑、建立沟通与联系等。

第三个工具叫 Application Portal（申请端口）

这就是类似于目前 Common App 的一个大学申请平台。里面包括联盟成员校中所要求必备的常规申请栏目设计，同时也包括各个学校特殊的个性化设置组成的部分，以便让申请者可以从自己的 Locker 中选择对应有针对性的材料以便给所选的学校进行上传提交，作为自己的申请材料的一部分。这满足提高申请录取程序的高效性与联盟学校多元化的需求。

总之，致力于将 Coalition 造福于申请者和高等教育学府的设计者与组委会成员充满信心与期待。他们认为友好的界面，互动与移动性超强的新平台，学生们肯定会喜欢。同时学生学习和生活领域的各种资源能广泛参与到这个免费平台。更重要的是，学生准备申请的过程真正体现了教育的本质，因为学生把自己 Locker 中的内容与老师指导顾问或其他人进行交流，而他们的指引与帮助能使学生在这样一个相对长期的过程中反思、思考、成长。

五、推荐信

申请的过程是学生自我反思"我是谁？"的过程，同时也是独立完成大学选校，用申请文书"唱"出自己的声音、整理活动、填写表格、提高解决问题能力的个人成长过程。尽管大学申请鼓励申请者自我完成，但是有些环节却不得不借助他人。推荐信就是一项。推荐信的重要性在于通过别人的观察与描述，让申请者的形象与特征相栩如生地呈现在招生官面前。推荐信是由谁来完成呢？

▶ Shiny 老师的观点

这里强调一下，推荐信的撰写者不是学生。由于中国在高中阶段的升学环节不需要推荐信，很多老师没有这样的经历，也不知道如何撰写推荐信。那么撰写推荐信的人应该是谁呢？一般来说是了解申请者的学术老师和升学指导顾问。

美国大学招生官一般需要申请者所在学校1～2名任课教师的推荐信以及作为升学指导顾问所提供的学校报告（这里面包括一篇推荐信）。

教师推荐信的人选由申请者决定。推荐信主要是将学生的学术优势与潜力以及学术领域体现出的个人特征呈现给招生官，所以应该选择那些对学生十分熟悉与了解的老师。十二年级的任课教师由于刚刚教授相关课程，可能对于学生不是很熟悉。那么要想方设法地让该老师尽快全面了解学生。当学生决定选择某些科目老师作为推荐信撰写者后，一定要尽早与老师多沟通，课堂多表现，给老师留下深刻的印象。记住，一个负责任、一丝不苟、守时的任课教师才是一名合格的推荐人。

升学指导顾问的推荐信与上面不同。当申请者在申请平台上邀请后，升学指导顾问会收到电子邮件，并需要回复，注册升学指导账号。进入账号，可以看到发出邀请的学生。而每一个学生都需要升学指导顾问提交相应的学校报告（School Report），而推荐信只是其中一部分。换句话说，升学指导顾问其实是提供更多的材料说明给大学招生官。升学指导顾问不仅仅只是对于学术方面进行说明与评价，包括学生个人性格、课外活动、社区服务等都要有涉及与讲述。所以很多学生与家长认为他如同中国课程体系下设置的班主任。如果学校设置了升学指导顾问这个职务，或指派了某位老师作为学生的升学指导顾问，那么他就要承担这样的职能与任务。

再次强调，不要替老师撰写推荐信。可以提供给老师一些需要的内容，也可以适当地表明选择该老师的原因。对老师的大加赞扬是没有必要的。罗列一些你对该老师记忆深刻的时刻是非常聪明的选择，总之，更多的材料与信息对于升学指导顾问加深印象、丰富对学生的了解、形成全面的认识有非常重要的意义。此外，如果学生有一些特殊情况，比如学生有学术领域的惩罚等负面的问题，也要如实与升学指导顾问交流。因为后期出现相应的问题或被大学质询时，升学指导顾问会代表学校与申请者与之进行协调与沟通。

> 很多家长都在强调补充推荐信。这又是什么呢？它有什么样的含义？听说有些学术界很牛的人，或者很有"影响力"的人士的一封推荐信对学生的申请与录取，能起到极其重要的作用。

Shiny 老师的观点

有的家长和同学可能会有一个疑问，是否需要提供补充推荐信？请某位有影响力的著名人士帮助撰写推荐信是否有利于学生录取？曾经听说有家长找到前联合国秘书长帮助学生撰写推荐信。不论真假，这样的方式是否可取？一般来说，多数美国大学对于补充推荐信持保守与谨慎的态度。建议申请者查看学校的招生说明与要求，很多学校说得比较清楚。甚至有的学校声明对于补充或者多余的推荐信提交会影响录取结果。如果所申请学校不反对额外的补充推荐信，那么应该找谁来写？推荐人一定要非常了解申请者，而且需要提供的内容是在其他申请材料中没有涉及或申请者没有机会去说明与呈现的内容。比如，有的学生请钢琴老师为自己撰写一篇推荐信。总之，补充推荐信不是要多镀一层金，而是学生认为某些地方需要照亮，否则就会缺失自我的光泽。

最后，关于推荐信还有一件不得不提的事情，就是当学生在通用申请平台邀请推荐人时会有一个选项即放弃还是不放弃看到推荐信的权限？建议选择放弃。

六、费用与奖学金

自从 2005 年左右开始，赴美攻读本科的学生逐年巨幅增长，随之一起增长的数字就是美国大学平均学费与开销，一年一年"节节高"。很多学校的一年总开销包括学费、杂费、住宿、餐食等超过了 6 万美金，当然不排除有通货膨胀的原因。对于中国学生和家长来说，只有汇率发生比较大的波动时，才会发出"嘿，省下了多少！"或者"哇，惨了！"的感慨。家长已经习惯于被动地接受，并做好充足的准备，毕竟获得奖学金的难度较大。的确，准备好全部学杂费是一个稳妥的决定，但是偶尔家长和同学会听到某某获得奖学金的消息。那奖学金又包括什么类型呢？什么是 FAFSA 呢？什么是 CSS/Financial Aid Profile？

Shiny 老师的观点

美国大学提供的经济资助通常为以下几种："Need-Based""Merit-Based""Loan"，等等。Need-Based Financial Aid 中文意思是"基于需求所提供的经济资助"。该奖学金根据申请者和他的家庭要为学生在美国学习支付多少费用来决定的奖学金资助。大学会提供资助用来补给申请者及家庭，以便让学生可以攻读美国大学。Merit-Based Financial Aid 中文意思是"成绩优秀经济资助"，是根据申请者的学术成绩以及个人才能来分配奖学金。此时学生的家庭财务状况不是参考的因素与依据。Loan"贷款"是一种经济资助，可以从大学或者一个校外机构进行贷款。不过这种贷款需要偿还。但通常国际学生是借贷不到的。Work or Campus Employment 这种经济资助指在校园中打工来获取收入，进而支付学费。相对于以上四种奖学金政策，招生办公室也会有相应的一些招生录取政策，毕竟对于国际学生来说，美国大学首先需要满足本国学生获取大学教育的需求。那如果学生在申请时提出经济资助申请，会有哪些不同招生录取政策呢？

- **Need-blind Admission**：目前对于国际学生采用这样的录取政策与原则的学校数量极其有限，只有哈佛、耶鲁、普林斯顿、阿默斯特学院等少数顶尖学府。执行这样录取原则与惯例的学校在对申请者提交材料审核的时候，不考虑学生及其家庭经济状况，只针对学术成绩与申请材料。这就意味着学生是否有能力支付学费不予考虑。

- **Need-sensitive, Need-aware**：美国大学在决定是否录取申请者时要考虑学生的支付能力。他们会审阅所有申请者的材料，考虑学生学术材料、活动、文书面试、推荐信，等等，对于相对突出与优秀的学生会录取。大学与申请者一样都对于花销与费用比较在意。

综上所述，美国本科大学申请不是一次去争取"更多"经济资助进而实现"美国求学梦"的碰运气。所以请实事求是，申请者应如实填写家庭所能支付的费用。不能抱着"多要一些经济资助就多要一点""拿到奖学金是说明海外大学对我的认可""先不申请奖学金，拿到录取通知书后再说，不给奖学金就不去"的态度。由于奖学金除了根据成绩与能力优秀所给予外，其他形式都是"补差额"的形式，所以申请者需要在提交申请材料的时候填写家庭经济状况调查表以便让大学招生官有比较直观的认识，做出准确与适合的决定。

FAFSA 是"The Free Application for Federal Student Aid"的缩写，是给美国公民或者绿卡持有者申请资助所需要填写的申请表。学生要填写表格及提交必要的税表和银行报表，还要有社保号。学校在了解学生的家庭财政情况后按需给予资金援助。这个与中国公民的申请者没有什么关系，但适用于在中国就读的持美国绿卡、美籍学生。

CSS 档案是 College Scholarship Service 的缩写，即大学奖助学金档案。大概有两百多所学校要求提交，其中包括常春藤校以及部分州立大学，比如密歇根大学安娜堡分校、威廉玛丽学院、佐治亚理工学院和北卡罗来纳大学教堂山分校等学校。该资料在美国大学理事会（College Board）线上申请，线上注册账号后，并填写申请表格。官方网站为：https://www.collegeboard.org。学生与家长需要准备好以下材料，以过去一年为单位来计算：

- 家庭税务资料；

- 家庭其他收入资料；

- 家庭现有财产；

- 学生个人财产；

- 学生个人税务资料；

- 家庭开支。

填写 CSS 需缴纳申请费，第一所大学 25 美金，之后每一所大学 16 美金。CSS 的表格略显烦琐，大概有 10 页。

一般来说，美国大学会考虑到家庭收入每年发生变动与差异。比如家庭突然中了彩票或赶上金融危机、传染病突发等事件。所以相应的表格每年都会更新调整。尽管原则上申请者可以每年进行经济资助申请，但是很多大学却规定如果学生第一年没有申请经济资助，那之后都没有资格重新申请奖学金了。这也就提醒同学与家长，考虑家中实力，做好准备与估算。

尽管国际学生申请到大学的经济资助即奖学金与助学金很难，但还是有机会的。有些学校也是希望利用经济资助吸引优秀的海外申请者，增加国际化氛围以及拉高标准化等录取分数值，提高排名，再期待通过培养潜在成功者，积累更多未来的慷慨校友。

七、录取决定与学生的选择

每年 3 月到 4 月之间，申请者的心情如同进入了主题乐园，悲伤、喜悦、彷徨、忐忑等心绪五味杂陈般涌现，起伏跌宕。各所申请的学校会将录取的决定以电子邮件、信件等形式传递给申请者与家长。当然，大家都愿意看到自己的努力最后是"功成名就""Congratulations! You're in" 那是最受欢迎的句子。此时别忘了把这个好消息要分享给老师、朋友、同学、家人。最重要的是，一定要感谢升学指导顾问。

> 不过请注意，申请并没有结束。接下来"幸福的烦恼"同样让申请者手足无措。哪里来的"幸福的烦恼"？当数所学校都青睐申请者，抛来了录取橄榄枝，而大学只能选一所学校去就读，这时该如何做选择呢？尽管这次是学生与家长掌握选择的主动权，但是如果没有认真思考，而草率与片面地决定，学生未见得在大学学习中会获得最优异与适合的教育，或生活得并不愉快。毕竟四年大学生活是人生中比较重要的阶段。快乐地学习，幸福地成长，尽量少地留有遗憾与后悔才是最重要的。对于有些同学来讲，答案其实很简单——如果录取的结果来自于首选梦校，或者来自于"提早决定"的学校，直接接受毫无疑问。然而，当录取来自于其他非首选的学校时，或者被置放在等待候选名单（Waitlist）中，那应该怎么办？

⚑ Shiny 老师的观点

首先，申请者应该回想当初为什么要选择这些学校作为申请对象。不可否认，很多同学的想法会发生改变，但是最开始时，申请者为何将这些学校列为适合的学校进行申请还是值得与家人和升学指导顾问探讨。不过尽量在一定范围之内寻求建议，有时，过多的声音是噪声，毕竟做决定的是申请者本人。不要急于做出决定，美国大学通常需要申请者在 5 月 1 日之前给予答复。所以从录取到下决定，大概有 1 个月的思考时间。

其次，美国大学近年来对于中国申请者非常重视，很多学校会在每年的3、4月来中国进行录取新生招待会（Reception），目的在于让招生官、学校教授、校层官员与录取的学生和家长见面。申请者可以利用这个机会了解申请但是没有获得更多感性认识的学校。如果最终去读书，这样事先可以结交伙伴与朋友。

另外的一种方式，尽管不常规，但是的确很有效，那就是录取后的校园参观与访问。在收到录取通知后，如果学生花上一周时间去录取的大学进行实际考察，将会对于学校与社区获得多维且实时的了解。很多美国大学也的确提供这样的周末或者某一天给录取的学生开放全部校园。很多同学或许在申请前已经参观过这些学校，但是，录取后的观察可能会与众不同。毕竟再次参考与关注点是不一样的。

前面探讨美国大学经济资助的问题时，曾经讨论过美国大学会根据学生实际情况提供相应的奖学金或其他资助形式，而国际学生获得概率比较小。但是如果申请者幸运的话，奖学金等经济资助也会对申请者的决定产生作用与影响。相对来说，当申请者来自于经济实力不雄厚的家庭，那么对于奖学金依赖会使选择的倾向性明显，并容易得到结论。

此外，选择学校时请深思熟虑，不要被不必考虑的因素所干扰。由于学生与家长大多数没有在海外生活与学习的经历，所以在选择学校上容易盲从于周边的声音。请向升学指导顾问和专业人士请教，进而选择合适的学校。千万不要被所谓的"声望"与"名气"迷惑。"合适的"才是"最好的"。

家长在这个过程中一定要知道自己的位置与角色。并不是父母去大洋彼岸读书，孩子才是核心，尊重孩子。或许家长可以将家庭经济状况、对于地点的一些倾向想法与孩子分享。家长的朋友或亲戚在美国某些城市工作与生活，对于学生可能是一种照顾，安全毕竟是第一位的。除此之外，即使家长帮助学生分析，请以聆听为主，更多的是帮助学生了解自己真实的想法。

每年5月1日是一个重要的标志日。在这一天之前，申请者需要正式通知所选学校接受了录取，并递交定金。该时间为固定时间，不得更改，除非相应学校有自己的特殊政策与特殊情况。而学生由于拖延症，或优柔寡断没有及时提交，那么结果难以预料，不排除被取消录取的资格。所以申请者不应该拖到最后一天再去做决定，即使有时很难抉择。特殊的是"提早决定"的录取。当学生获得受"绑定"协议限制的学校录取，那么该申请者需要立刻进行回复，通常在12月，并及时撤回在此之前提交的其他任何申请。

定金是录取学校需要申请者连同入学就读决定在截止日期之前一起提交的。申请者只能选择一所学校提交定金，如果提交定金给多所学校，可能面临被取消录取资格的风险。流程是：等待候选名单中的学生需要选择一所已经录取且心仪的学校，提交定金。当候选名单中的学校激活后，学生可以重新选择候选名单中的学校，放弃前面已经录取并提交定金的学校，定金也放弃。再交定金给候选中激活的学校就读。

由于近几年申请大学的学生越来越多，结果出来时，很多同学被放置在等待与候选名单中。有人说 Waitlist 如同 Denial（拒录），也就放弃吧。其实未必如此。当初"左看右看""千挑万选""一见如故"，而后绞尽脑汁，呕心沥血完成补充材料，那是何等的执着。既然"情有独钟"，就要坚持到底。

的确，被放置在等候名单是最煎熬的一个结果。它意味着你没有被录取，同时你也没有被拒绝。你在两者之间"徘徊"。没错，很多学生无法接受这种尴尬的局面。如何面对呢？这时又该做些什么呢？

⚑ Shiny 老师的观点

● 接到了美国大学的通知，开头没有 Congratulations，很多同学就伤心地默默关上页面。请注意，这时学生需要接着读下去，因有可能被放在等待候选名单中。有的学校不是自动将申请者放到等待名单里，而是需要学生回复邮件或填写表格，接受被放在等待名单中的决定。而且通常这种情况有一个时间限制，如果错过了，那就真是和学生梦想学校说"拜拜"了。

● 如果将学生放置等待名单的学校是梦校，或学生去那里求学的概率很大时，请立刻接受。当然"概率"大小也不是随便说说的，学生要权衡以下各方面，对自己和他人负责。比如，需要奖学金去读书的孩子要慎重。（通常没有奖学金在这个时候剩下来了。招办不存"小金库"）。另外要有成熟的心态。（在等待候选名单上被激活的可能性比常规申请直接录的可能性还要低）。

● "骑驴找马"。请一定要在已经录取的学校中确定一所要去读的学校，交定金。同时要在"一见钟情"的基础上，继续培养感情。避免最后 Waitlist 的学校没有激活，而学生又错过前面已确定的机会。

● 不要认为接受了 Waitlist 就够了。学生需要努力争取，从 Waitlist 名单上被激活。比如，请按照校方通知的要求提供各种补充材料、最新成绩单、补充推荐信、得奖信息证明等。这期间，学生自己能更多地发现自己，展示出更多鲜活与闪光的新角度，"帮助"那些招生官看清更多更好的自己才是逆袭的关键。此外，理论上，学生可以接受多个梦校等待候选名单。但是，申请者一定要自己权衡清楚，这些 Waitlist 的学校是否每一个都比录用的学校更适合自己。

Shiny 老师有话说：尊重学生个性

　　家长必须意识到每个学生都是独一无二的。不论梦想是追求闪亮发光的顶尖高校，还是小而精、拥戴博雅教育的文理学院，抑或是挥洒七彩颜料、翩翩起舞的艺术院校，都要从学生个性出发，找到最适合他的建议、解决方式和策略。国内目前仅有少数中学设置了升学指导顾问，而在很多学校，这个职业还是空白。希望通过这本书，能辅助学生和家长进行合理科学规划、设计发展路径，进入理想大学殿堂！

第三章

其他的有关申请

前两章对于国内学生申请美国本科大学过程进行了总体介绍。三大环节包括预备与起跑、途中跑以及冲刺。但是在这项复杂工程或400米跑中，还有很多方面与需要顾及的因素穿插期间，让本已经富于变化与充满不确定性的申请更加让人紧张。在接下来的这一章节，就让我们简单了解发生在这个过程前前后后的那些可能涉及的内容。

第一节 转校生

"如果再给我一次机会，我一定会加倍努力，让梦想成真！"很多申请者在录取决定发布的时候，懊悔地表达失望的同时说出了这句话。那么有没有这样的机会呢？

★ Shiny 老师的观点

传统来说，国内大学之间的转校比较少见。大多数同学会在录取的大学攻读完本科学业，进而在研究生学院的申请中开始新一轮的选校。相比较而言，同学们在同一所大学各院系中的跳转倒是比较常见。当然也有极端的情况，就是有的学生放弃已录取的大学，重新参加高考，再次冲击梦校。而当学生选择赴美读大学，转学的情况会比较常见，因为不仅仅是有的学生当年梦想没有实现，也有进入学校发现学校不适合自己，进而选择转入其他学校。学生有差异，学校也是如此。这也是为什么要反复强调"适合"的才是最佳的。

正因为考虑到学生开始的选择有可能不成熟，同时也考虑到学生的成长与发展，很多大学都会留有给转校生的名额与空间。当然这里不排除从本学校转走的学生留下的空缺。另外，很多公立州立大学往往还会被州政府要求固定留有相当比例的转校生名额，接纳社区大学的学生。

提到社区大学的转校生，目前国内学生与家长了解较多的是加州公立大学系统的 2 年制与 4 年制顶尖公立大学转学路径。那么到底在什么时间或几年级进行转学呢？是不是只有大二转升大三的时候才可以呢？

★ Shiny 老师的观点

答案是否定的。有些大学在大一升大二的时候大量录取转校生，而有的学校是在大二之后。不过，学生考虑到转学这个决定的时候，请事先了解清楚转入其他学校后是否可以按照自己设想与计划，用四年的时间完成大学本科学习，而不会为接下来申请研究生以上的学历或工作带来障碍。查阅准备转入的大学官方网站，了解每年转入该学校的学生数量，并要了解转入学校时原来所读的学校学分是否可以转入，学校对于原本用 AP 课程抵免的学分是否接受等。

　　另外，考虑转校的时候，申请者需要对转校申请做好充分的准备。比如，如果高中的成绩以及标准化成绩不是特别理想，而这恰恰是当年没有被梦校录取的主要原因，那么还是最好等自己的成绩尤其是在读大学的成绩优秀后，再考虑转学。

　　转校生申请的过程其实与常规大学本科申请相似，所需要的材料也是比较相近的。比如，成绩单、推荐信、申请文书、面试、标准化考试、申请表格提交，等等。尽管各所学校的政策有差异，但是考虑到学生不只申请一所学校，所以准备充分很有必要。招生官往往对于学生为什么要转学会非常感兴趣，学生的动机是最重要的。没有哪所学校打心底里希望学生转学，尤其是优秀的学生。而真要从其他学校转来，自然不想看到该学生再次转走。毫无疑问，申请者必须非常清晰地表达出为什么要转学，以及为什么该学校是更适合的。这些往往在申请材料的文书中加以说明和解释。除此之外，另一个重要的因素就是学生在目前就读的大学所提供的成绩单，尤其是刚刚结束的第一学期成绩单（往往学生在第一学年第二学期提交转校申请材料）。另外，有的学校还是希望申请者提交标准化考试成绩（SAT/ACT），以便参考。学生不用再次参加考试，因为这些标准化考试成绩有效期为5年。

　　转校生最后需要注意的是，如果在目前就读的学校拥有奖学金等经济资助，这样的资助在新申请的学校中获得的可能性有限。因为资助的计划与安排通常早早就预定好了，所以在申请之前，请与招生官沟通或上官网认真学习。比如，有的学校对于国际学生的奖学金申请不是每年重新开始。

第二节　美国高中国际学生申请

　　随着家长对于国内美国本科大学申请日渐竞争的焦虑，很多家庭选择了让子女去美国攻读高中，进而从美国高中直接申请美国大学。多数人除了认为美国的高中课程比较成熟、稳定，课堂形式更加原汁原味，语言环境更加自然，活动更加丰富，学生个性更能被发现与培养外，也会考虑到海外申请中学校成绩单的真实可信性，升学指导顾问的专业性，标准化考试的方便性，以及校园参观、面试的便利等。不过，各位申请者与家长需要了解中国学生海外高中申请还是有一些因素需要考虑的，以免措手不及。

★ Shiny 老师的观点

尽管美国高中的升学指导顾问的配比是必需的，但是由于该职业在高中阶段被重视的程度不一样，有的学校设置的升学指导顾问的数量有限。这时需要家长与学生登录学校的官网，进一步了解学校升学指导办公室的设置与学校毕业年级学生的数量，进而得到比较清晰的认识。海外学校设置的升学指导顾问职能与国内中学升学指导顾问老师相近。但是作为职员，美国中学升学指导顾问的工作时间把握严格。此外，对于申请大学，美国的升学指导顾问更多认为这是学生自己成长过程一部分，应该自己去面对与解决很多问题。如果期待着像中国的班主任或者在校升学指导顾问一样，随时叮嘱学生，全面全程监督是不可能的。所以再次强调，如果学生在美国本土高中申请美国大学，对学生的自我认识、独立解决问题的能力等要求很高。美国高中升学指导顾问对于中国学生的学习背景、学习习惯、家庭背景、文化习惯等都不是很了解。只有在彼此了解和通透交流的基础上，升学指导顾问的帮助才是最有效的。因此，迅速融入美国高中学习与校园环境，了解美国文化，主动积极与同学、老师、学校领导、升学指导顾问交朋友，分享心得体会是明智与关键的第一步。

> 在美国高中申请美国本科大学的过程中，还有哪些是与国内申请不太相似的情况？是不是从美高申请海外大学名校的概率更高一些？

★ Shiny 老师的观点

美国大学对于在美国就读高中的国际学生申请要求与录取标准是不同的。

有的学校会将四年在美国本土学习的申请者的英语语言测试免掉；有的学校根据自己的情况要求学生即使是在美国上的高中，仍然需要提交语言测试成绩；有的学校将持有 F1 签证的学生看成国际学生，与来自中国本土申请的学生一起进行考虑。类似复杂情况比较多，没有人能打包票，称了解所有情况与原则。最好的解决方式就是登录学生渴望申请的学校了解相关的政策，或发送电子邮件进行询问。

尽管赴美攻读高中看起来益处很多，但是没有具体的数据与分析准确说明学生会有更高的概率进入自己梦想的大学。从成本上来分析，赴美攻读高中除了物质与金钱的投入，还要考虑到时间的差异（美国高中是九年级到十二年级，而中国国内公办国家课程体系中九年级为初三）。为了保证学生完整的高中学习生活，很多学生选择重读九年级，这样就会多读一年。此外，在学生刚刚踏入一个生活、学习、交往等极其陌生的环境中，家长如果不能在身边陪伴与监督，不少现实的例子说明了不是所有学生都适合选择这条路径。再次回到本书最重要的主题与精神，那就是学生是有差异性的，家庭也是如此。选择哪种方式一定要认真思考，不能盲从草率。

第三节 间隔年

间隔年（Gap Year）这个词在最近比较流行。那它到底是什么呢？学生和家长应该如何面对？是否需要选择"间隔年"呢？

⚑ Shiny 老师的观点

通常来说，间隔年是指申请者在收到录取通知后推迟一年入学。的确，这种选择被世界很多国家的学生所接受。从学生角度来说，间隔年可以让学生放下包袱，重新拾起自己一直渴望去做的事情，比如一种爱好、一次旅行、一场创业、一项公益活动等。在这个过程中，学生会走入现实社会，感受体验实际的问题与社会现象，运用自己所学的知识与技能去实践，提升对于世界的认识，反思自己的成长，思考未来的人生方向（具体到后面的专业选择）等。当学生变得更加成熟，经历越来越丰富时，该学生进入大学自然也会为学校和整体社区带来无穷的财富，增加了学校的多元性。这也是很多学校鼓励学生去采用间隔年的原因。

选择间隔年的学生需要自己有清晰的目标，就是这一年要做什么事情。间隔年不是让学生放松下来享受生活，逃避繁重压力的校园。此外，由于间隔年需要财力的支持，并不是所有的申请者都可以承担与支付。长远一点考虑，学生需要延长一年毕业，对于有些家庭来说，就意味着学生晚一年工作，需要谨慎决定。最后提醒，由于中国学生常规的学习过程为连续与高强度，如果要是采用间隔年，学习节奏会突然放缓、失速之后再次回到大学的学习，学生既有获得间歇停顿充电补充燃料后强势爆发的可能，也有对于常规且高强度海外大学学习压力无法快速适应的可能。

看来，选择间隔年的同学需要有详尽与清晰的计划，才不会荒废青春与金钱。那么到底可以做哪些活动与事情，才能充分利用这个机会呢？

⚑ Shiny 老师的观点

下面是常见的间隔年中学生所做的活动，供学生与家长参考。

- **获取工作经验。** 尽管目前市面上提供给高中毕业生的工作机会不多，但是如果有可能，通过某些组织、机构或家长搭建的平台获得了工作的机会，不论是支付薪水的，还是志愿形式的，都能启发学生的专业兴趣与确定职业方向。

- **发展专业技能。** 除了找到一份工作，获得工作经验以外，学生可以参加以技能培养为目的的项目。锻炼动手能力、野外生存能力、领导力能力，到海外与国际人士交流协作，共同面对挑战。

- **探索个人兴趣。** 很多学生在间隔年这一年里重新拾起自己的兴趣项目，如戏剧表演、音乐技艺、语言钻研、写作、木工等。不过，请认真考虑这项个人兴趣爱好是否学生一天 8～10 个小时都愿意钻研其中？

- **志愿者活动。** 增强社会服务意识，扩大对他人的帮助与影响，这样的公益事业不应该只是申请过程中的作秀。环境保护、改变乡村生活条件、山区支教、倡导女权、号召关注弱势群体等都是非常好的领域。

- **环球旅行。** 如果学生有足够的财力支持，那么世界如此之大，去外面看看还是很有意义的。感受多国文化，了解地方风土民情，发现新的兴趣，培养包容心，有利于学生更好地了解自己，对于未来的大学学习与工作都是有益的。

如果学生决定要采用"间隔年"，首先要在有效时间内接受心仪大学的录取，缴定金以后，提出请求。做这个决定之前，请事先登录学校的官方网站，了解学校关于间隔年的具体要求与条件。比如相应的时间节点，是否需要定期的汇报或者证明等。

由于间隔年越来越受欢迎，很多大学生在结束了大学本科的四年学习后，并不急于找工作和申请研究生学历，也同样静下心来，走入社会，实践过程中更深刻地发现自己，找到方向。这样的体验也被引述为间隔年。前一段时间，有位初中同学的妈妈与孩子商量，在国际学校与公办学校之间做一个抉择。由于对于录取的国际学校不熟悉，公办学校不满意，六年级那一年就在家进行了学习，让孩子提高英语水平与能力的同时，读书、旅游、思考自己到底喜欢什么，渴望做什么事情等，之后再重新就读国际学校的六年级。这也叫作间隔年。由此可见，间隔年可以发生在任何时间段。间隔年让传统的人生教育时间线发生了改变。然而，谁又说必须要都统一与一致呢？每个学生的成长是独立的，是个性的。只要做好了准备与拥有清晰的计划，只要条件具备，采用间隔年对于某些人来说，也会是人生中一项有意义的尝试与决定。

第四节 家长在申请季中的作用

> 每年的申请季不仅仅是申请者紧张、纠结与辛苦的时期，同样也是家长们忙里忙外、不知疲倦奔波的阶段。中国家长对于教育的重视，对于孩子未来的担心与焦虑，有目共睹。
>
> 但是家长到底应该在这个阶段怎样帮助孩子呢？

⚑ Shiny 老师的观点

首先，冷静。

孩子都是宝，而且是很多家庭中唯一的宝。家长想给他们最好的一切，也希望他们一切都好。成绩、标化、志愿者服务、课外活动、申请阶段的努力等都很重要。知名大学录取是高中学校学习生活完美的肯定，但是各位家长需要先喘两口气，放松一下。记住，家长的压力并不能转换成孩子的动力。

其实，学生是不是努力与用功，与家长苦口婆心讲大道理、利诱、找最贵的一对一家教辅导没什么太大的关系。学生学习效果差异化主要还是由学习策略、技巧的不同来决定的。而只有学生自己心甘情愿才能有成长、提高，家长在这个阶段不管是威逼还是利诱，都无济于事。成绩来了，大段的评语都是浪费，用简短的评语，比如"你太棒了，我为你骄傲！"或"再接再厉呀！"就够了。

其次，家长不要制造紧张的竞争氛围。

学生与家长一样都随时随地能看微信，各种社会媒体平台信息泛滥，而平时同学们之间的交流就已经让学生很有紧迫感。这时家长又拿来推送的各种"真伪"信息，什么谁被哪里录取了，多少分录的；谁考试被延迟了，哪所学校没有高三课程了；等等，只会让给学生受到更多的刺激。现在的社会已经是一个焦虑感传染的时代，所以不要给学生带来更多的恐惧与无助。

再次，家长要明白大学录取的结果无法定义学生的未来。

大学是学生下一步学习和生活的社区，但它不是唯一决定孩子未来的地方。不能说就读于前 30 名大学的同学以后工作就会成功，而排名在后的大学求学者毕业就要喝西北风。要是一个人根据你上的学校来评价你，那么他会因为势利和目光短浅而被众人嘲笑。

最后，家长千万不要被"成绩""光环"蒙蔽双眼，而忘掉学生的"真我"。

申请时总是要提醒学生自己找到"自我"，以便把真实的自己呈现给招生官和大学。同理，父母也应该真正意识和牢记孩子的"真我"。孩子可能是学习优秀的娇子，可能是叱咤风云的学校领袖，也可能是多才多艺的艺术家。这些是家长眼中学生的光鲜与风采。但是学生成长不可能是一帆风顺的，成长过程中必会有坎坷与困难，克服困难时人才会成长。多数成熟的学生喜欢通过自己的努力而获得的成就，并不希望接受家长过度的关怀和传递来的焦虑。同样，美国大学也会接受一个学生犯错、纠正自己、努力改变、蜕变化蝶的过程。

第五节 艺术类院校申请 ‖

传统上，学艺术的高中生出路似乎都是在国内攻读专业美院或与演艺相关的学院，比如，戏剧学院、电影学院等。然而近几年，国内艺术考生海外申请呈火箭般暴增。本就抱有天马行空的想象力和发散思维，追求个性宣扬的这些年轻艺术家当知道海外优秀的艺术院校对国际学生是敞开大门时，越来越多的孩子渴望去体验、感受、发展自己。

> *海外的艺术院校应该如何选择？这些"不羁"的"艺术家"走向大洋彼岸的路径是什么样子的呢？*

★ Shiny 老师的观点

首先，艺术类的学生成功申请的秘诀是什么？是激情，热情（Passion）。但其实这是不够的，适合的学校才是最重要的，不论是文理学院还是艺术类的学院都是如此。是不是适合的选择，要看很多方面，前面的章节已经详细介绍了。总之，判断是由学生自己来做的。怎样才能做出一个明智的抉择呢？学生与家长需要了解不同学术学位与课程。开设艺术类专业的学院，可供大家选择的常见为四年制的大学或文理学院（four-year colleges/universities）以及私立的艺术院校与音乐学院。那么学完后会获得什么样的学历呢？"艺术家"通常是修 BFA（Bachelor of Fine Arts）或 BM（Bachelor of Music）学位，但是传统的通才教育的大学或文理学院中，学生可以主修艺术相关的专业获得 BA（Bachelor of Arts），同时在艺术课程之外，也可以修其他的课程，或辅修或双修第二专业领域，比如经济、法语等学生感兴趣的内容。具体开设的内容与课程区分如下：

通常来讲 BFA 是"四六开"，就是专业课 60%，其他课 40%。BA 中专修艺术专业的大概是"倒四六"。就是艺术专业课 40%，其他课 60%。而 BFA + BA 或 BM + BA 的双学位，通常是 5 年的项目，两个学位课各占 50%。艺术课程中都会有艺术史科目，所以对于"未来艺术家"的语言能力自然会有相应的要求。

另外，很多艺术学校需要学生提交很多补充材料，而且需要具有差异化。学生要严谨认真地做好每一项记录，切忌出现纰漏与闪失，比如录像、预演、试演、文书、推荐信、标化考试等，最好提前一年开始准备。

除此之外，建议学生参加暑期项目。暑期项目是一块试金石，每天 24 小时与梦校亲密接触。同路人、同龄人一起开拓思路、创新求变，坚定学生的艺术人生路。近距离体验教授（艺术家）的教学风格和个人特性，确立融洽师生关系；接触技法、材料、设施与语言。

艺术类申请者对于选校需要注意是选址。艺术更多需要灵感，而环境与人文气息是学生成长的养分。视觉艺术的先锋人士和表演艺术的追梦者，都要找到艺术文化底蕴浓厚的环境，思想与艺术进行碰撞，才会激起火花。画廊、工作室、剧院、音乐厅的存在与聚合是艺术家得以展现与试验（演）的舞台。

考虑学校的时候，由于艺术类特点，呈现的概率、可能、场合与平台的情况需要申请者事先做了解。举例来说，大型的音乐学院会给年轻音乐家大量的表演机会，而文理学院或某些研究性大学更多的是做深入的研究与调查。

最重要的环节是参加招生说明会或作品集评估巡展。申请季，很多艺术院校会到全世界做招生宣传与作品集评估会。申请者请抓紧时间赶快预约，无论他们是到学校还是在酒店，给他们看作品，请求给予评价。除了知道自己哪里需要提高，是否适合，学生也能估量自己的录取概率。比如，曾经国内有一个学生拿作品集给纽约视觉艺术学院的招生官看，当场得到干脆的回答："申请我们吧，给你奖学金。"

- 国际学生的作品集评估展（各顶尖视觉艺术院校到各国进行宣讲与作品评估）。

- 可以在专门进行作品集评价的网站获得反馈。如 AICAD online reviews - https://aicad.slideroom.com/

作为艺术专业的申请者，申请海外大学的流程是否与常规的学生不同呢？

▶ **Shiny 老师的观点**

的确，艺术类申请者确定了申请学校名单后，申请环节会与常规申请有些差异。

- **要请教"专家"。** "专家"可以是信任的导师或有经验的艺术类校外指导。询问他们的看法，申请者需要了解自身的强与弱。视觉艺术的考生需要让专业的人士对作品集进行评估与建议，以便定位与改良。

- **精心打造作品集。** 作品集或"试演"堪称申请的核心，所以大家一定要认真对待。仔细研究每所学校的要求，要留充分的时间做准备，视觉艺术的考生需要将最优秀的作品构成作品集。一定要选取最新或近期的，那些能够证明申请者的技法与表现角度与思想深度的名副其实的"艺术家"作品。作品集包括10～20件作品，应该有已完成的作品、未完成的作品，以及一些草稿等。如果有可能，可以准备一个电子设备进行数码作品的展示或者将作品放在画框中裱好。同时在呈现作品给他人点评的时候一定保持成熟的心态——对待他人的评判应该积极地从"建设性批评"的角度去理解与反思。

- **表演艺术不能掉以轻心。** 请不断地打磨表演技巧与效果。如果需要现场进行表演，可以先让家人、老师或朋友做评委，进行试演，甚至给出出难题，做好即兴表演的准备，毕竟现实中评委的确会给一些"意外"。

- **申请艺术院校也属于大学申请。** 学术成绩对于艺术生也是一个关键环节，高三成绩一样重要。申请材料中要把与艺术有关的互动活动或成就呈现出来，申请文书和面试的。话题还是围绕着艺术这个中心，所以学生需要坦诚、真实地告诉招生官"艺术"对于自己来说是什么，它曾经意味着什么，在未来艺术会扮演什么样的角色，让那些招生官看到什么使你与众不同。

　　如果真的选择了艺术专业，很多家长在默许学生追求梦想的同时，会隐隐有些担心未来的走向与发展。毕竟不是人人都是莫扎特或者凡·高。更何况，这样级别的大师生前也不是就能"功成名就"。那么艺术类学生的走向如何？

▶ Shiny 老师的观点

尽管目前大量的学生渴望在艺术领域发展，但是很多家长却不是很支持与赞同。

　　相当大比例的家长可能对于学艺术的前途与出路感觉有些担心。其实，艺术领域工作机会还是很广泛的，比如，演艺、广告、建筑和室内设计、画廊、艺术教育、舞蹈、数码媒介、设计师、电影、家具、家居、博物馆、印刷、电视、戏剧、玩具、游戏等。另外，很多艺术类专业与 STEM 的完美结合就是很好的出路。比如，动画制作使技术与艺术结合在一起；用户交互体验是把产品设计与使用放在一起；艺术品的保护与保存则离不开化学与生物科学的知识；虚拟现实技术、电脑与电视游戏的设计，等等。很多人是"果粉"，而苹果产品中只依靠技术是不行的，它必须考虑到人文的特征，只有这样才会让每个人心动。艺术专业与 STEM 的完美组合肯定会奏响完美的乐章。

第六节　到底什么是 Test Optional

Shiny 老师的观点

> 随着 COVID-19（新型冠状病毒）在全球的蔓延，尤其是美国的情况持续恶化，很多美国顶尖高等院校决定在 2020—2021 申请季中采用 Test Optional 原则，包括八所常春藤校。那么到底什么是 Test Optional？ 面对这样的变化，学生应该如何应对呢？是否 Test Optional 就真的不用参加标准化考试了呢？

理论上，2020 年申请季在 5 月左右基本告一段落。而春夏交接之际，应该是高二（十一年级）的学生最为繁忙的季节。参加 SAT、ACT 和 AP 考试必定是日程表的重头戏。如果成绩出来，不满意，则学生可以在接下来的夏季 8 月或者秋季再次宣战，力争上游。而今年突如其来的疫情，让所有的计划化作泡影。尽管 College Board 大学理事会强调秋季每一个月份都会安排 SAT 考试，但是不确定性让所有备考与申请者陷入了焦虑与无措状态。同时，美国多所顶尖大学面对这一情况，积极应对，宣布采用 Test Optional 的招生录取原则，确保十一年级的申请者能够在没有标准化考试成绩或者自认为标准化成绩不太令人满意或者无法充分表明自己实际水平的情况下，仍然可以"坚定信念"地申请自己的梦想学校。

基于多年的升学指导经验，Shiny 认为对于标准化考试在大学申请中的真实地位，很多家长与同学在这次疫情之前就不是很清晰，定位也不是很明确。尤其在中国国内，习惯性理解、自身成长的经历与社会媒介中传播的误区，使很多人将标准化考试的重要性做了过高的估计，甚至认为是录取中的唯一标准。今年这样的特殊情况出现，对于拥有此观点的群体来说，更是带来了"无以言状"的困惑与无解。没有了标准化考试作为参考，升学录取概率是否会受影响？会有多大的影响？

要想探讨是否会有影响，我们需要了解 Test Optional，Test Flexible，Test Blind 等这些录取原则到底意味着什么？

● **Test Optional**：该原则指采用此原则的大学允许申请者可以申请该大学时或提交或不提交相应的标准化考试成绩。

● **Test Flexible**：该原则指采用此原则的大学要求申请者提交某种标准化考试成绩，但是不局限于 SAT 或者 ACT。有些大学允许学生提交 AP 考试成绩、IB 考试成绩、SAT2 科目性考试成绩等来替代 SAT/ACT 的成绩。比如纽约大学（NYU）就是这样的代表。

● **Test Blind**：该原则指采用此原则的大学对于评价申请者的标准化考试成绩没有任何兴趣。即使学生提交了相应的标准化考试成绩，它们也不会作为申请材料中的一部分进行参考。

所以，首要的关键，先要了解渴望申请大学的申请要求。有些学校今年刚刚改成 Test Optional，而且也只对 2021 年这一季的申请者。有的大学 Test Optional 可能是大多专业适用，但不是所有的专业都采用。比如，有的大学特别要求攻读工程专业的学生提交标准化考试成绩；有的大学要求不打算提交标准化考试成绩的申请者必须提交其他证明自己实力与水平的相关材料证明，例如学术论文、作品集或者某一专业领域的推荐信等。

对于 2020 年申请季的学生与家长来说，这种"原则"看来很"创新"。（其实，每一届应届的申请者认为各种申请原则都是新鲜的。）但是这些原则并不是面对疫情而"横空出世"的。最早采用 Test Optional 录取原则的学校是顶尖文理学院鲍登学院，该校在 1969 年开始采用，而后新英格兰的另一文理"常春藤"贝茨学院在 1984 年跟进采用，接下来多所学校响应。比如，芝加哥大学在 2018 年采用这一原则，在 2020 年初已经有超过 1000 所美国大学采用这一原则。

中国学生和家长对于标准化考试的关注度与其他亚洲申请者一样，甚至是更为强调。社会、文化、历史等各种因素决定了这一现象。普遍认为，成绩优秀就是学生出众的标志，是茫茫人海中决出胜负的标杆。SAT/ACT 可以类比中国高考，可是为什么美国却有越来越多的大学放弃要求提交标准化考试成绩的现象呢？

我们应该澄清一点，SAT/ACT 不是美国的高考。美国大学在最开始时期对于标准化考试的认可，主要是普遍认为这些标准化考试成绩对预估学生在大学中的学术表现，预估学生是否有能力、实力在校园中得到发展提供判断的依据与证明。然而，随着时间的推移，越来越多的大学招生官与在校教授发现这些标准化考试成绩与在校学生的表现关联性并不大，而学生的学术潜力更多地体现在高中的学术课程难度与成绩上。所以很多学校放弃了对于标准化考试的要求。当然，有的学校采用这样的 Test Optional 的原则也是为了增加学生群体多样性与校园活力。比如说，亚裔学生标准化平均分数相对较高，而本土的非洲裔与拉丁裔学生平均分数不高，采用这样的原则后，更多族裔与多元化背景的学生都可以来到学校进行学习。另外，采用 Test Optional 的原则会有助于学校在某些排名的位置。采用了 Test Optional 后，会有更多的学生前来申请，而同时这意味着更多的学生被拒绝，而录取概率就会降低，进而学校的排名就会持续升高。此外，采用了 Test Optional 的原则，通常 SAT/ACT 分数比较理想的学生会提交标准化考试成绩，认为会增加录取概率，而不太理想的则会不提交。那么在向排名机构递交新生标准化成绩平均分数时，则该学校的 50% 中数的分数会很高。作为排名参考依据之一，该项也会为学校提高排名提供有力支持。

不过因为各个学校有方方面面的考虑，学校差异较大，并不是所有学校都会采用这一原则。但是 2020 年的疫情让很多学校走入这一阵营。自打 3 月中旬之后，像塔夫茨大学、瓦萨学院以及整个加州系统的大学都宣布采用了 Test Optional 原则。原因是很多学校担心这次疫情会让来年的申请者人数减少。学生如果无法参加考试则无法提交申请。另外，没有充分备考的高二（十一年级）学生，或者没有在学校正常学习的学生，或没有多次参加考试考出理想成绩的学生，就不会申请这些曾经心目中的梦校，因为学生会事先"权衡利弊"避免"以卵击石"，不甘作"分母"与"炮灰"。当然，我们也不能排除很多学校考虑到校际竞争的关系，毕竟学校的招生对象是"重叠"的。在招生"日渐严峻"的当下，学校的存亡很多时候由"录取"的学生来决定。疫情之际，更是形势严峻。不采取相应的措施，必会"后悔遗憾"。

对于中国的学生和家长来说，这样的原则是不是意味着我们就可以不去准备标准化考试？既然标准化考试变成了 Test Optional，不如多做一些课外活动，做好其他准备来应对申请。如果你要是如此，Shiny 告诉你，你想错了！

我们知道标准化考试的确不是"唯一"录取标准。美国大学录取原则是全面考量的方式。辩证地来分析，它也是大拼图中一块重要的组成部分。如果标准化考试的分数与学生在高中平时所选课程难度与成绩相吻合或者甚至超出基本表现的话，则会让自己增添被录取的自信与命中的概率。尤其全球都处于在线学习的大环境，如何评价在线学习有效性，学校成绩单与往年的对比与可参考价值还要商榷之时，标准化考试某种意义上，恰是一个有效、可以依赖的参考数值。此外，常规来讲，如果学生不提交标准化成绩，难免会被认为该生的标准化成绩不理想或低于学校发布的年度 50% 中数成绩区间。另外，有的学校即使录取时不太侧重标准化成绩，但是对于奖学金的发放，还是希望用这个来衡量。

那么，估计有的学生和家长就又产生纠结与犹豫。参加了标准化考试，成绩出来了，到底是提交还是不提交？首先，要认真对待接下来的 SAT/ACT 这样的标准化考试。不能抱有侥幸与逃避的心理，用美国大学的 Test Optional 原则给自己找借口，来"放松减压"。其次，需要看标准化考试成绩是否可以真实反映自己的实际学术水平与能力。此外，对于所要申请的学校，要做好研究与分析，了解学校录取学生的标准化成绩中数区间，像排名机构中发布的数据报表可以充分利用。

另外，请各位家长与学生一定要充分寻求升学指导顾问的帮助，咨询并判断是否要提交成绩。往届申请学生的数据是非常重要的参考依据。目前很多学校的升学指导团队日趋成熟，很多在线申请平台也可以帮助大家统计与分析相应的数据。大数据的应用是一种潮流，升学指导行业也必不可少，比如 Cialfo 平台中的 Scattergram。往届同校或各平台录入数据的其他学校的 Data 都可以参考。

最后，需要和各位读者说明的是，不提交标准化成绩的确是有可能被大学录取的，Test Optional 原则不是作秀。当学生申请材料已经足够让招生办认为该学生拥有了极具挑战性的学术潜力，或充分的领导力，或卓越的创造力等，该生自然会被录取。有时，考虑到不同申请计划与原则，比如提早决定（Early Decision）等，也会增加录取机会。目前，由于受到各种因素的影响，很多学生或家长对于赴美攻读产生了一些动摇。全球经济衰退，学校面临大挑战。而中国学生是很多美国大学重要国际生来源，目前的全球现状必会引发系列的"蝴蝶效应"，让美国高校入学政策产生一些调整和变化。密切关注美高校动态，做好充分准备，以不变应万变。

第四章

美国本科大学留学万花筒

美国本科留学申请的流程与之相关的很多内容在本书前面的章节已经做了简单的介绍。实话实说，除了这些基础的内容学生与家长需要了解外，在这个庞大工程的实践中，在艰辛拼搏400米奋进中，还有许许多多关联的因素、趣味的因子、斑斓的动量在这样或者那样地影响着申请者的结果与未来。而进入大学就读，远在大洋彼岸，初次体验不同社会文化与教育体系，各种兴奋与挑战无时无刻不环绕在学生周围。这些内容无人能全部涵盖与探讨。在本章中，我采撷一些自己曾经发表的短文，构建一个小小万花筒，愿这些五光十色的内容能丰富学生与家长更多的理解。

第一节 就读美国名牌大学，需要什么样的领导力

2019 年常春藤八所盟校的录取率再创新低。例如，哈佛大学录取率首次跌破 5%，由去年的 5.2% 下降到 4.59%；普林斯顿由 6.1% 降到 5.5%；而耶鲁即使新建了两所本科学院，录取人数比去年增加了约 15%，但录取率却仍然持续走低到 6.3%。包括很多中国老牌精英名校的申请者在内，大家都在感叹如今美国名校申请竞争太过惨烈。

名校录取率越是走低，人们就越是想了解那些被名校录取的幸运儿究竟有什么共同的特质。常春藤盟校以及其他美国顶尖大学总是强调学生的领导力 (leadership)。因此，领导力可谓它们要求学生所具备的共同特质。不过，在 2019 年 3 月美国大学录取发榜季，作家苏珊·凯恩（Susan Cain）在《纽约时报》发表了一篇题为《名牌大学都在强调领导力，但我们真的需要这么多领袖吗》的文章。文中对于领导力的定义进行了分析，也解读了名校招生官对于领导力的片面理解。文章说美国本土学生为了申请名校，普遍关注领导力而忽略其他方面，比如，放弃自己的爱好，停止追逐梦想等。这篇文章也同时质疑，大学招生官对于未来领袖的青睐，会让学生只关注职位与权力，进而限制学生们的健康发展。这，就又让家长和老师难免产生一些困惑。

细细品味此文，结合这些年来自己从教师、申请外国学校的升学指导再到国际学校管理者的切身感受和经验，我倒是觉得美国名牌大学招生官强调申请学生的领导力这一素质，是十分值得我们深入思考和认真分析的。美国名牌大学强调领导力，到底意味着什么？美国招生官真的有错吗？

申请大学，只是一个阶段性事件。一个学生，将名校对申请者的领导力素质的要求，作为追求完美的动力，这不能算错。但是，在此，尤为需要注意的是，我们不能只是把美国大学要求申请者具备的领导力素质，当成中国某些名高中所看重的"奥数"技能。如果把这个并无具体衡量指标的素质的培养变成无中生有的精心打磨包装，再以此作为进入美国名校的敲门砖，则更是错上加错了。

实际上，领导力素质只是美国名校要求申请者具备的素质之一。比如，哈佛大学所中意的申请者，既有那些已经在同龄人中堪称优秀、从而可为他人示范人生经验的人，也有那些通过自己独特的人生经历可以激励他人的学子。比如，几年前哈佛从我当时任职的北京四中录取了一位同学。她深入了解中国尘肺病人状况，采用多种手段号召全社会关注这个弱势群体。这就说明，申请大学的学生具备领导力素质与学生的个性与特征、经历与思想是紧密相关的，这种多元化学生主体的构成，正是使大学保持激情和动力的根本。

对于领导力与领袖的定义，不同的人可能有不同的理解。无论如何，把领导力当成领导者以及指挥甚至指使别人的能力，这未免过于幼稚。领导力，是通过自己的行动来带动和影响周边的人们一同参与和行动，以服务社会的能力。名校对申请者领导力素质的要求，是一种正向激励，是要求那些大概率成为社会精英的人，在开始步入社会之时便要具备服务社会的理念和初步技能。

在近些年做升学指导顾问的过程中，我看到了越来越多的中国学生行动起来：有一个学生成立了互助小组，利用自己的数学优势帮助他人，坚持数年，结果收到的不仅是同学的感激和自我成就感，更有名校招生官的青睐；还有一个学生积极投入和推广各种形式的爱心长跑，从影响班级、年级、学校开始，逐渐扩展到同区学校，最后推广到全市。

相反，也有学生为了在申请美国大学时不落人后而总是想一鸣惊人，甚至不计成本地赴海外进行短期性、"表演性"服务支教。然而，这种追求形式上的与众不同，其实有时是本末倒置，结果适得其反，这种高成本的"领导力"投资往往会受到质疑。2016年哈佛大学教育学院就发布了由80多所高校招生官参与的题为《扭转趋势》（Turning the Tide）的报告，其中对于学生为申请名校而过度包装的现象进行了抨击。

要知道，这种基于进名校的功利之心包装而成的领导力，对于名校的招生官而言绝不新鲜。招生官既看一个申请者在申请之时已经获得的能力，更从申请者从这种能力的获得过程所产生的认识、养成的气质，来判断申请者的感悟力和潜在能力。他们根据以往的录取经验，一定会明白一个人对目标持之以恒的坚持，对服务的投入、执着和热情，才是增长才干、激发潜能、产生领导力的源泉。

四年前，来自北京四中的一名同学，并没有迎合潮流参加被认为最能体现领导力的"模拟联合国"项目，也没有参加全国乃至世界各地的各种类型学术挑战杯赛。相反，他从帮老师批改作业、辅导同学，由浅入深专注于一项科学研究，前后四五年时间，对于北京水文状况和人文特点进行分析，他撰写的论文被业界评价具有"极高水准"，而后他将论文提出的解决相关问题的方法，作为建议提交给政府相关部门。这项只是出于热爱而非出于让自己的申请材料更光鲜的研究活动，让他获得了一所以培养学生领导力闻名的美国名牌大学的青睐。由此可见，领导力会在潮流之外体现出独特气质。这种气质所产生的示范效应及其对周围人们的感召、对人们思想认识的影响，也正是领导力的重要组成部分。

由这个例子，我们就可以知道为什么许多因职责所在而时时要施展领导力的学生会干部并没有被名校录取。这就是说，一个人即使没有领导他人，而只是专心而投入地做好一件事，这不能等同于没有领导力；同理，一些学生虽在学生会、学生社团等"领导岗位"上策划、组织和管理各种活动，也并不能全部与领导力直接画上等号。领导力，尤其是学生时代的领导力，不是领导位置与普通参与者之间的位差，也不是基于权力而产生的优势。领导和领袖不等于领导力。当年有一个来自清华附中的学生，虽然只是学生会一个部门的干事，却是学生会工作的各个环节中都不可或缺的人物。当招生官问他为什么不去竞选学生会主席或部长时，他回答说，一个人相对于社会的价值，体现在其为社会所提供的服务，可以将这种服务最大化的位置，就是最好的位置。因此，当一个有 80 名学生的年级存在超过 60 个学生社团，因而有 60 多个"领袖"时，招生官只要依据价值原则，就不难甄别出这些"领袖"的领导力。

表面看来，名校录取的学生都是学习成绩好、参加活动多的高中生。但是实际上，名校往往看中的不仅仅是学习成绩以及参加活动所能获得的经验，更看中在如此繁重的课业和课外活动的压力下，合理安排时间和精力、科学分配和管理资源，以及利用已有经验准确预见未来的能力。这是我与一位前任耶鲁大学的招生官在交流中了解到的。这种能力，当然也是领导力的重要方面。具备这样能力的人，由于管理、分配时间和精力的关系，在某个方面可能只是一个跟随者，但在其投入专注力的领域，恰有条件成为一个领跑者和领导者。

说到底，"领导力"是一个很难量化的素质与能力。判断一个学生是否具有领导力，是否具备成为领袖的潜力，肯定不只是去斯里兰卡照顾大象孤儿，去南美山区教英语。无数学生的经历表明，热情和执着才是领导力的源泉。名校指明录取具备这样素质的学生，是对学生价值取向的正向激励，其效应当不在鼓励学生"当官"，更不存在"僧多粥少""官多了怎么办"以及"都有领导力成为领导，谁人被领导"的问题。具备以服务社会为标准的领导力素质，这样的学生不应该多多益善吗？

第二节 海外留学前，家长应该告诉孩子的事情

4 月来了，通知书到了，焦虑少了？未见得。

焦虑似乎一直跟随着家长，直到孩子拿到心仪学校的录取。然而，不自信与缺乏安全感却刚刚蔓延到新生心里。在过分呵护的家长溺爱下，加之生存在媒体不断宣扬的"竞争与对比"社会环境，学生对自己能力常常产生严重质疑。家长们却在爱与呵护中不断伤害孩子的自尊。家长做得越多，孩子们情感独立发展的机会与权利就越容易被不断削弱与剥夺。其实更多的自我心理发展、自尊获取是在连续地自我体验、实践中才会健康培养起来的。

以上行为连锁的反应就是孩子们缺少对自己正确认识，也很难从失败与困难中爬起来。而在海外顶尖高等院校的学习中，中国学生不容置疑地将会变得脆弱，进而对于挑战与新要求手足无措，且容易变得焦虑和抑郁。

以前经常有文章写如何让父母从一帮一带的育婴过程中过渡到"断乳"期，今天我来反向建议一下家长应该如何与孩子谈话，让孩子在离开父母之前能做更好的准备。

1. 兴奋与压力并存

首先告诉孩子，任何的变化都会是兴奋与压力并存的。因为变化就是我们从一个熟悉的环境到一个不熟悉的环境。它需要我们进行自我调整，草率地下定论是不足取的。不能因为不舒适，面临一些挑战就说明孩子的选择是错误的。新环境适应与学习和生活变得更加轻松是需要耐心与时间的。

2. 身心"全副武装"

上大学不仅仅是换了一个地方。它是更高的学习与发展阶段。所以务必告诉孩子大学学习中遇到的那些压力与挑战是必然与正常的。不要任凭这些压力与挑战无限累积。自己要安排好时间，进行适当形式的锻炼，保证休息与睡眠，注意饮食。如果能进行瑜伽训练更好，可以让孩子们学会深呼吸，这能有效缓解压力，把强度状态调节到冷静、放松模式。

3. 重提"鞋带"理论

以前在各种场合，我也尝试给很多家长讲过"鞋带"理论。就是要让孩子们尝试去系鞋带，而不要担心系不好或者时间耽误太长。为什么要提起这个呢？因为即将送孩子去大学读书的家长需要再次认识这一点。进入到大学，压力往往会放大学生的负面想法与情绪。学生会认为不进即退。实际上某一个成绩或者表现不尽如人意，不应该定义为彻底的失败，成功是进阶与递进的。持之以恒，坚持不懈才是关键。

4. 人与人是不同的

提醒孩子人是有差异的，与他人比较其实在某种程度上是没有意义的。人生来是平等的，但人生来是不同的。与他人比较你永远都会发现自己某些方面的短板与不足。更不要用成绩作为衡量自己价值的标准与未来成功的标志。我以前的学生有的擅长考试，有的擅长反思，有的擅长活动。不是所有"超长优秀"的孩子都进入常春藤校。但是有一点是一致的，就是诚实正直、勇于挑战的孩子都会找到自己适当的位置。而这些品质才是孩子最终成功的决定因素。

5. 化被动为主动

我们要认识到成长过程中有挫折、失望与沮丧都是特别正常的。而这些不是一成不变、周而复始恶性循环的开始，失去信心才是这个循环的催化剂。家长应该多多鼓励孩子注意自己的消极对话与气馁的情绪，"永远不""从不"只会引向绝望与无助，而这些会潜移默化地让人更加焦虑与抑郁。

6. 永不言败

告诉孩子很多事情是自己可以控制的。如果自己在考试中失利，孩子不应该认为自己是个失败者，永远不会成功。恰恰相反，这时，孩子应该学会承认自己的不足的同时，相信这不是一个惯性与常态。相信自己应该可以改变与提高！鼓励他们积极向教授寻求帮助，获取如何提高成绩的建议。与同学们交流，或者去学习辅助中心寻求帮助。努力一定会获得回报！

7. 具体方法才是制胜法宝

告诉孩子们解决难题，面对困难与窘境的实际技巧与方法。首先要将问题变成言语可以描述的实际问题。不能是虚无与无形缥缈的，涌入脑海中的解决方式都要罗列与考虑，不要人为武断地删除。其次分析每一种方式的利与弊。当最佳方式被筛选出来后，即使不是最理想的（其实往往没有最理想的方式），应该设计出详细与缜密的方案来执行。当然，现实会让你看到，期待与理想状态往往会被扭曲与打破，所以非常有必要准备一个备选方案。

8. 坚决主动直面困难

做好面对问题，自己独立解决的准备。而且要积极主动及时面对，不要指望家长为你出面，这个对于中国海外留学生尤其关键。经常看到各种负面新闻，家长远渡重洋，为孩子处理心理、生理、文化、法律各种难题。所以要让孩子学会合理表达自己情感的正确方式，最常见的是在国外宿舍的交流。因为中国文化特点导致大多数中国孩子内敛、保守、谦和。而他们应该学会直接而又尊重他人地表达情感。如果室友越界或触及孩子的底线，一定让孩子及时正确地表达出来，不要让不解变成怨恨积淀下去。缓解紧张情绪，多用"我怎样"，少用"你如何"。观点鲜明是自我尊重的表现，不过掌握不好容易变成过分强势，这个尺度把握还是要锻炼一下。

9. 世界是美好的

友善地看待周边的人，积极寻求帮助。刚到海外大学，很多中国学子英语还是无法完美驾驭，尤其是写作能力。不要碍于面子与"自尊"，得过且过。充分利用学校提供的服务，找写作中心帮忙，让自己真正地成长。学会寻求帮助其实也是一种实力体现和健康的解决策略。这不会让自己显得脆弱。另外，自己所做的创新与尝试对于其他人来说也是冲击，他人的"无动于衷"不是冷漠，其实是对于"新鲜事物"不了解与无能为力的反应，所以不要错怪别人。

说了很多，感觉还有很多没有提到。但是也无法更详细更全面了。因为每个家庭不同，每个人不一样。所以，各位家长，该如何和孩子说，还是要多花些心思。即将停笔之时，猛然间，我觉得这些话和道理似乎不应该只是在孩子即将远行时再说，这些应该在平时就要强调，不是吗？

第三节　美国大学不是高四

高考来临，应届考生正在如火如荼地为之奋斗，而早早确定了赴海外读书的学子似乎可以松一口气，只需要为同龄的好友加油鼓劲。不过，且慢，面对即将来临的海外大学学习，你们做好准备了吗？这不仅仅包括准备行囊，收拾心情（更何况此时大家心情还是很愉悦的），更重要的是要了解大学与中学的学习差异，尤其对那些在公办学校中外合作办学或高考出国班的孩子尤为重要。因为大学不是我们的"高四"，如果只是沿用高中的方式，包括"临阵磨枪"等"必杀技"，那么你的考试注定会输得很惨。

大学到底应该怎么学，Shiny 老师带你迎接大学学习生活与考试。

1. 时间投入要估计好

目前高考出国班和中外合作办学的"牛娃"比较多，大多能考前血拼苦斗数小时，搞定各种考试，进而将更多时间放在其他方面。但是请注意，到了大学，大家要充分意识到很多时候备考花的时间可能要远远多于预料与期待。记住，不是时间铺得多，效果就一定好。但是没有时间投入，肯定没有效果。

2. 目前"优势"学习方法的调整

年轻人擅长记忆，估计绝大多数人不会反对。高中阶段学生常常是熟记为主，而后泉涌般落笔生花。不过到了大学，请遗忘这样的学习方式与规律。教授考验学生是否掌握和理解了他在课上呈现的内容，这也是对学生的一种尊重，因为这等于把学生当成有思想的主体。学生这时要思索、提炼、升华，而后"出品"答案。尤其是高级别的课程的教授更是如此，因为他们知道只有学生能融会贯通所学的知识并运用，学生才是真正理解了概念，产生了价值。所以吸收掌握是核心，而不是机械地记忆测试。

3. 你的时间你做主

高中，尤其是公办学校，每周至少是 40 多小时在学校，这既有优势也有不足。老师除了上课以外，还会不断关注大家，布置任务，设计活动，携手陪伴你成长，共同攻克考试。一旦学生缺少了这种无形的"辅助"，极可能会"无助"与"无望"，而到海外上大学，就会让学生进入这种"双无"境界。因为大学里选课的常规状态是大多数学生每周在学校里有 16～20 小时上课。有时很多课还不记考勤。这既是自由与慷慨，也是考验与磨难。学生到底应该如何充实利用自己的时间？回答是"请保持良好的生活与学习习惯"。每天要按时按规律地起床、锻炼，参与课堂学习，每周如果还是保持 40 小时努力地工作与学习，那么没有什么可以阻挡成功与优秀。当然，有更高要求的学生自然需要投入更多。

4. 嘿，为什么牛人这么多

的确，越来越多的学生和家长明白了"合适"的学校最重要。但是很多中国学子到了国外还是能看到身边有一堆聪颖与勤奋的同学。是该庆幸还是该绝望呢？我觉得应该是庆幸。因为，与这些"牛人"在一起合作努力，学生会更深层次了解所学的内容，而且更快地掌握所学的知识，这也就是我们说的"近朱者赤"。个人自身体验分享：不要在做展示（presentation）或考试备考前一天找从没有合作的同学做尝试。另外，"小自私"一些，尽量找和自己"相似"的学生共同奋斗。

5. "华山论剑"次数寥寥，不要让成功转瞬即逝

一年考试有多少次？这个跟高中常规课程基本相似。2 + 1 或 3 + 1，指代一学年两次或三次小考，一次大考。相对来说，平时交作业和课堂参与度打分在整体学生评价中的比例不大。所以每一次的考试大家都要认真对待。自然，这种模式不适用于所有课程。因为老师的教学要求和测评方式各异。有时有的科目连一次考试都没有，论文成了主体。论文分数高不是通过篇章长短来衡量，而是要看学生的文风简洁、清晰，适当文法和严谨推理。每一次的论文布置都要认真对待，否则最后的成绩会比较难看。

总之，无论如何不要把大学比作高四。作为一个新高度的学术领地，我们要用崭新的方式，更高超的学术手段来"游戏"。

第四节　海外留学怎么能省钱

大学里的精打细算不仅仅让学生们在经济拮据时有滋有味，更培养了学生的财商与优良的个人理财与规律性储蓄的好习惯。而这会受益一生。那么留学期间怎么能省点钱？

- **银行开户**。找到合适的银行。大学周围往往有很多银行针对大学生开设业务。不过需要学生认真了解，有的银行可能会有优惠政策。比如 ATM 取现不要手续费，在线电子银行系统或 App 免费银行转账等业务。开户后，请制订相对详细的月消费计划。

- **注册优惠券提醒服务**。比如，有的网站会定期给大学生发送免费优惠券到电子信箱。尤其是在开学返校季，会有 eBay，Macy's 等的打折商券，帮助学生节省开销。

- **购买二手商品或租赁商品。** 中国学生目前对于二手商品尤其是租赁业务不是很习惯与适应，主要是因为注重"面子"。请别再讲排场了。当你购买二手电子产品或者翻新款时，某种意义上说，你的银行储蓄账户是在增值的。而且，相应的观念也要改变，二手的其实未见得就不好。很多二手产品的价值远远高于替代品。而有的二手产品还没有被开封，只不过是多余闲置的物品。

- **下载精明省钱的 App。** 有的金融 App 可以帮助用户充分把握各个账号的动态。比如，银行收支状况、信用卡透支情况，甚至投资理财的趋势导向等。这样，学生可以根据已有经济财物变化做好备案与现有消费方式调整。

- **改变消费习惯。** 最好每月认真思考后购买产品，减少不必要的消费，将钱存到银行中。比如，有的同学每天喝星巴克，这可以理解，毕竟学习压力大，缓解一下，保持注意力。有的同学周末去城镇放松一下，Uber 往返。的确没有打出租车，也没有买车，看起来蛮节约。但是是否可以考虑频率？是否可以考虑用其他形式替代？

- **信用卡的精明使用。** 如果以后学生希望在海外工作、置业等，一定要注意信用口碑与历史记录。所以使用相应软件或 App，随时提醒学生信用卡账目变化与到期还款。不要逾期还款，否则除了利息较高以外，对信誉度会有影响。除此之外，最好设定一下消费额度，调整消费习惯。另外，有的银行信用卡会提供消费返现与积分，可以考虑自己的消费方向与领域，办理相应的信用卡。

- **保护好个人信息。** 避免个人电子信息泄露，随时关注银行账户或信用卡使用记录，发现不明交易一定要尽快采取相应措施，打电话给银行询问或冻结账户，减少损失。

- **目前美国不像中国，电子支付如此发达与流行。** 所以尽量少光顾 ATM 机。少提现金，这某种意义上，就会减少相应的消费。

- **学生自己校外租房子，一定要保证按时交房租。** 不按时交房租，房东会收取相应的迟交房租额外费用，数额会不少。签订租房合同时一定要仔细看清。

- 如果打算趁节假日时去旅游、访客、返程回家等，那么交通费用要精打细算。比如，灰狗和 Amtrak 有很多对于国际学生的优惠政策，折扣还是不少的。如果有可能，尽量不买汽车。毕竟保险、维护、油费、停车费还有停车罚单等消费都不低。

- **充分利用大学在社区中的影响力，持有学校学生身份去享用各种优惠与福利。** 比如，在苹果专卖店购买产品或订购微软产品等，都会有学生折扣。很多社区餐厅、咖啡厅、博物馆等都会为学生让利。

- **创造价值与财富。** 当然钱的积累既可以节省出来，反过来也可以赚取与获得。如同上面提到的，比如，出租与售卖二手产品、在政策许可下的打工家教等。千万不要触犯法律，包括"捉刀"代写、代考等非法行为是害人害己的。

● 找促销旺季购买打折商品。美国没有"双11"，但是拥有类似的黑色星期五等。此外，有的同学也会做代购业务。不过那就不属于这里讨论的范畴了。

第五节 哪些大学本科专业"投资回报率高"

学生在海外读书，由于拿奖学金求学的可能性较小，学费还要交，书还要念。所以选一门投资回报率高的专业不失是一种提前的"保值"防御式"应对"，或许以后会成为主动"进击"的策略。那么哪些专业相对来说物有所值呢？

一般来说大家可考虑以下几个方面：① 毕业后的工资、薪水和待遇，当然是越多越好。② 失业的可能性。挣得再多，结果遇到各种事情，比如，这次的疫情或企业的调整等，就失去了工作，成了待业状态，"临时工"与"短工"状态也很让人沮丧的。③ 是否要求从业者高学历。活到老，学到老，然而，在校学习获得学历是需要成本的。不仅仅是学生的时间与精力，更有金钱投入。所以综合考虑以上的各方面因素，美国机构 Bankrate 将上面因素按照一定权重进行分配，即所获薪水占比 70%、失业率 20%、高学历（硕士／博士）需求比例10% 进行大数据统计，得出了下面"投入产出比"划算的本科专业。

1. 海军建筑与海洋工程 Naval Architecture & Marine Engineering

如培养设计师设计海上漂浮船只或者水下切割机操作等工程设备设计与应用的专业。对于很多人来说比较陌生，不过的确是最值的专业：收入中数是 9 万美金／年。失业率大概为 1.6%。

2. 核工程 Nuclear Engineering

众所周知的原因，这个专业对于中国学生来说，选学可能性比较小。

3. 药学科学与管理 Pharmacy Pharmaceutical/Sciences & Administration

该专业的年收入中数比较高，大概为 10 万美金／年。失业率也不高，为 2.2%，但是要求学生的高等学历比例较高。从学习投入看，需要从事这个专业的学生要有长久的打算、坚定的学习毅力与决心。

4. 遗传学 Genetics

由于现代科技高速发展，脑科学、基因等影响人类相关研究需求使遗传学人才供不应求。失业率低至 1.6%，相对不错的待遇 85000 美金的年薪，颇具吸引力。不过同药学一样，对于学历的要求是比较高的，时间投入成本会比较大。据调查，该行业 76% 的人具有高等学历。

接下来的，毫无疑问，一连串工程专业一如既往地在这个榜单中占有绝对比重。

5. 电气工程 Electrical Engineering

6. 建筑工程 Architectural Engineering

7. 航空航天工程 Aerospace Engineering

8. 计算机工程 Computer Engineering

9. 电气工程技术 Electrical Engineering Technology

10. 通用工程 General Engineering

11. 机械工程 Mechanical Engineering

12. 民用工程 Civil Engineering

13. 材料科学 Material Science

材料科学是一个跨学科的领域，涉及物质的特性及其在科学和工程各个领域的应用。

14. 工程与工业管理 Engineering and Industrial Management

这个专业涉及不同行业的生产系统的运营、设计和管理过程。

15. 应用数学 Applied Mathematics

该数学研究应用于物理、工程及各种各样的其他领域。

16. 建筑服务专业 Construction Services

17. 交通科学与技术 Transportation Sciences/Technologies

18. 管理信息系统和统计 Management Information Systems and Statistics

学习如何使用信息改善公司运营，如何管理各种信息系统，以及如何创建用于查找和存储数据的系统。

19. 计算机科学 Computer Science

20. 大气科学和气象学 Atmospheric Sciences and Meteorology

在排名前 20 的专业中，建筑服务专业对于学历要求最低，大概只有 11% 被调研者拥有高等学历，而失业率为 19%，年薪为 7 万美金。

以往传统意义上收入高的专业，比如金融专业，仅位列 23。前 30 名中还有两个专业也颇具吸引力，一个是排名 27 的护理专业，另一个是统计与决策科学。护理专业的年薪大概为 64000 美金，而失业率只有 1.5%，相对来说高学历的要求只是 26%。可以想象，护理专业就业市场需求很大。而老龄化问题也是发达国家目前棘手的社会问题。统计与决策科学是定量技术的集成，用于为个人和社会层面的决策提供信息，它可用于商业和管理、法律和教育、环境监管、军事科学、公共卫生和公共政策。简而言之，该专业毕业生就是大数据分析与提供决策建议的专业人士。大数据收集不是问题，分析也不难，但是如何根据瞬息万变的世事，针对不同情景与背景进行科学、理智与成熟的决策才是关键。

在对 162 个大学专业的研究中，拥有科学、技术、工程和数学（STEM）学位的毕业生通常收入更多，失业的可能性也较小。不过这些数据和排名只供参考，真正的选择要因人而异，发现自己，不要追逐潮流，毕竟潮流终究会退逝，而不忘初心方得始终。

注意：

- 请各位家长和同学正确对待自己的专业选择，激情（Passion）与快乐（Happiness）应该是最重要的。

- 绝大多数美国大学本科的专业往往是在大一或大二通过博雅教育之后的选择，与中国高考后的高教经历还是不太相同。

- 该数据的收集主要是基于美国国内学生的数据分析，海外招工对学校国际学生政策不尽相同，不过他山之石可以攻玉，仅供参考。

附录

附录 I 美国本科申请相关的第三方机构简介

在申请美国大学本科过程中，学生会接触到一些第三方机构，这里指的不是帮助学生申请的服务机构。主要涉及各申请平台、第三方面试机构和美国国务院下属的非营利 Education USA，在这里简单做一介绍。

1. Education USA

Education USA 隶属于美国国务院教育文化事务局，在全球 170 个国家设有 400 多个咨询中心，每年世界各地的国际学生通过 Education USA 全球网络获得有关申请美国大学和学院的正确、全面、公正和及时的信息。Education USA 还服务于美国高校，帮助美国大学实现招生和校园国际化目标。Education USA 是美国高等教育的官方信息来源。

Education USA 中国下设于北京美国驻华大使馆和各总领馆新闻文化处，其 12 名高级教育专员拥有美国高等教育方面的丰富知识，协助中国学生申请美国大学。Education USA 中国的服务全部是免费的。

Education USA 的教育专员为学生和家长安排一系列面对面和在线的活动。鼓励中国学生按照赴美留学五部曲（了解各种选择、准备留学资金、完成申请、申请学生签证、做好出发准备）自己动手申请美国大学。通过活动帮助学生找到最适合他们兴趣和职业目标的美国大学，并帮助他们做好赴美留学的准备。

Education USA 的教育专员与美国高校紧密合作，安排大量活动来协助他们招生，在全中国范围内帮助他们建立联系和校间合作，为美国高校介绍中国的教育体制，并安排他们到学校走访。

联系方式：Educationusachina@state.gov

2. InitialView

作为众多美国大学招生过程中的一部分，InitialView 为申请者们创造了一个分享自己真实经历和目标的面试平台。InitialView 的面试官们都训练有素，他们拥有充足的面试经验，在面试过程中与申请人进行深入且有效的对话。在竞争激烈的申请过程中，申请人可以通过面试展现自己不同凡响的一面。

十多年来，InitialView 一直是数百家顶尖学校、数十万份申请的一部分。InitialView 由一对夫妻创立于北京，运营至今，一直重视为学生和家长提供出色的面试服务，使招生官能够通过 InitialView 来了解申请者们的故事。如需了解更多信息，请访问 InitialView.com 或通过发送邮件至 contact@initialview.com。

3. Vericant

Vericant 是为北美 200 多家学校提供第三方面对面面试服务的机构，该机构帮助学校准确地了解和评估申请人的英语交流能力、其个性特质等多方面的信息，并为学校评估合格申请人提供更多的信息。同时 Vericant 面试通过这种简单易行的方式能够帮助申请人向其心仪的学校充分展示自己。Vericant 面试是结构化的行为面试，由中国和国际招生管理专家团队共同设计，他们一致认为英语交流能力对于国际学生出国学习的成功至关重要。为了确保面试的品质和公平，Vericant 的面试官是经过严格筛选和培训的。由于每个申请人都具有独特的能力和特质，标准化的测试并不总是能够完全代表他们最真实的自我，而 Vericant 面试与标准化的测试方法相结合，使学校比以往能全面地了解申请人。Vericant 面试不仅在中国的北京、深圳、上海、成都等多个城市进行面对面面试，而且能够在全球范围内提供远程面试服务。访问 www.Vericant.cn 可以查看 Vericant 合作学校的完整信息，并了解有关面试的流程。

4. Cialfo

Cialfo 成立于 2016 年，团队由经验丰富的高中升学指导顾问、教育专家和技术专家组成。它是一个 B2B 的 SAAS（软件服务）平台，但它不仅仅只是提供升学指导解决方案，还致力于教育工作者的社区建设，以期帮助教育工作者更好地成长，推动整个行业发展。Cialfo 是 Citius Altius Fortius 的缩写，在拉丁语中代表更快、更高、更强。Cialfo 也始终期待更快、更高、更强，真诚寻求深化与中国各教育合作伙伴的关系，希望能帮助更多学生获得更广泛、更有益的学习资源。

首先，Cialfo 精心打造的实用工具可以有效提升升学指导的工作效率。作为一个 SAAS 平台，Cialfo 提供了各种各样可以有效提升升学指导工作效率的实用工具。在日常工作方面，升学指导顾问可以通过 Cialfo 的任务清单、进度管理（Task List & Progress）给学生创建任务并对学生的完成情况在线进行追踪管理；发送广播公告、建立会议邀约、创建共享笔记、在平台内部聊天工具上与学生对话等；通信套件（Communication Suite）可以保证升学指导顾问与学生、家长保持信息畅顺，沟通无障碍。备战申请、选校定校时，专业的职业性格测评（Career Assessments）可以帮助升学指导顾问快速了解学生并帮助学生确定专业方向；Cialfo 强大的院校专业搜索引擎（School Search）（覆盖 50 多个国家）和散点图（Scattergram）功能可以帮助学生进行大学调研，参照历史录取数据来客观分析录取机会，选择适合自己的大学。在忙碌的申请季，Cialfo 的电子申请材料发送（cDocs）模块还完成了与 Common App 和 Parchment 的对接，让升学指导顾问通过 Cialfo 为学生直接把电子申请材料递交到这两个平台，并且还可以在 Cialfo 上随时查看学生的申请状态。这一切都让大学申请变得更加简便、高效，可以大大减少文书处理及各方沟通的时间。其次，Cialfo 友好的产品设计能有效提高学生和家长的参与度。Cialfo 的产品设计也很友好。不少 Cialfo 的客户反馈，Cialfo 深思熟虑的设计可以帮助学生和家长轻松地使用这个平台，各功能都简单易学，降低了平台使用门槛。Cialfo 开发了移动应用程序，这使得 Cialfo 变得随身而行，学生和家长可以随时随地登录平台，打破了时空地域的限制，这对他们很有吸引力。另外，Cialfo 是业内社区建设的有力支持者。Cialfo 经常举办的各种在线研讨会、顾问专业发展工作坊等培训项目和活动，以及 Cialfo 用户微信群组、Cialfo Facebook 社区的建立，使得业内众多教育工作者会聚在了一起。这些活动及沟通工具为教育工作者们提供了学习和拓展人际网络的绝佳机会，可以帮助他们建立联系、共同学习、提升专业技能、激发新想法。不仅仅是教育工作者，Cialfo 还对接了全球众多知名大学，通过举办免费的在线研讨会、网上大学展等活动，让升学指导顾问、学生、家长可以跟大学招生官亲密接触，使得业内生态环境变得不再复杂，可以一站式直达。另外，Cialfo 提供全天候的技术支持、用户培训和咨询。Cialfo 团队的快速响应可以帮助新入行业的老师快速完成学习并适应他们的新角色。Cialfo 的专家顾问合作伙伴也一直致力于运用他们的行业经验推动 Cialfo 产品开发，希望能使其易于使用，并可以优化升学指导老师的工作流程。Cialfo 提供的一站式升学指导解决方案已经帮助很多高中搭建起了他们自己的升学指导团队和升学指导项目。对于那些相对较为成熟的升学指导团队，Cialfo 也在优化他们的工作流程、提升团队工作效率方面提供了相当大的帮助。

Cialfo 虽然是一家国际教育公司，但在落地中国时却很接地气，为了方便用户使用，他们做到了"中国化"。Cialfo 平台不光有中文版本（这可以大大方便低年级学生及部分学生家长的使用），客服团队也可以流利地使用中文与客户进行交流，打破了语言的限制。最重要的是，Cialfo 还拥有中国服务器，需要严格遵守中国数据隐私法。这不光使得在中国使用 Cialfo 平台时无须搭载 VPN，而且用户还可以在 Cialfo 上放心存储学生数据，不必担心数据的安全性问题。

Cialfo 目前的中国客户已遍及中国各顶尖高中，并且深受他们的推崇。这些顶尖高中的升学指导老师们都是业内的领跑者，他们对 Cialfo 的高度评价及支持也充分说明了 Cialfo 是一个值得信赖的平台，他们的背书使得 Cialfo 在行业内脱颖而出。Cialfo 的使命是在全球普及高等教育，希望能在 2025 年前通过其平台帮助全球 1 亿学生拥有平等接受教育的途径。

联系方式：cialfo.cn

5. BridgeU

平台 BridgeU 的宗旨是缩小学校与未来之间的差距。BridgeU 的成立旨在通过赋能学校进而提供智能、现代的大学和职业指导，帮助世界各地的年轻人实现其潜力。BridgeU 功能包括文档发送、参考写作、招生见解、智能大学匹配、职业规划、国际目的地、绩效见解和结果展示等。BridgeU 的平台积极面对各种复杂挑战，包括准备和实施大学申请程序、数据使用、智能工具和流程化管理任务等，最终帮助学校和使学生做好准备，迎接未来世界。

6. MaiaLearning

MaiaLearning 成立于 2008 年，为学生提供一个引人入胜且包罗万象的大学和职业规划平台。其产品 MaiaLearning 软件系统帮助升学指导顾问事半功倍地为学生与家庭提供更有效的指导和充分及时的沟通。MaiaLearning 作为一款大学和职业准备平台，吸引学生寻找职业激情，从而进行大学专业探究和寻找匹配大学。学生能够完成兴趣和学习风格等因素清单，使用大学散播图等来评估录取的可能性，完善他们的选校名单等。MaiaLearning 支持 54 个国家的学生、教育工作者和家庭，并为之形成互动学习社区。

附录 II 热点美国本科院校介绍

尽管学生的差异与家庭背景不同，中国学生与家长对于美国顶尖大学的选择往往具有相似性。学生就读数量在美国本土区域上来划分，集中主要体现在东西海岸。下面对于热点区域的热门学校进行简单介绍。

一、新英格兰东北地区——波士顿及周边

【哈佛大学 Harvard University】

地址：86 Brattle Street, Cambridge, MA 02138

网址：www.harvard.edu

拥有将近 400 年历史的哈佛大学是世界上优秀大学的标准与代表。作为北美第一所高等教育院校，它的知名度无须长篇累牍。首先学生和家长应该了解的是哈佛大学每年拒绝大批拥有 SAT/ACT 等标准化高分的学生。满分学生遭到拒录也是十分常见的事情。1649 名新生精挑细选而来，很多最终被录取的申请者标准化成绩并不是佼佼者。除了学识之外，天资聪颖，具有特殊人格魅力，有趣，具有创新的思维模式与超强的领导力，在艺术、体育、社区服务等方面都能为哈佛大学带来财富的申请者最有竞争力。学校由来自世界各地优秀的学生组成，彼此相互交流与学习，充分享有学校所提供的精英人才社区环境。学校强调校园

最宝贵的财富来自于学生。90%以上的学生选择住校。师生比为 1∶6。那些专业设置很多的大系很有名气，比如，经济、生物和生化。当然小型专业与系别也是出类拔萃，东亚研究为全国翘楚，此外，英语、人类学、环境科学等都是具有代表性的。最新潮流自然是交叉学科为学生们喜爱。比如社会科学、历史与自然科学的结合，比如历史与文学的交融等。学校采用核心课程体系，为双学期制。由于学校的规模比较大，教授更加专注于研究生以上学术研究与教学，所以本科开始阶段大课与助教教课比较常见。关键还是看学生是否可以主动与教授交流，在这样的社群里，自主学习与积极交流是获得最优质资源的保证。学校拥有全世界最大的私人收藏。学校的活动丰富多彩，体育校队繁多。校刊与杂志特点鲜明，受到学生与教师的欢迎。学生可以参加或自发组建社团，在社区进行公益活动，表演艺术展示等。哈佛大学是为数不多对国际学生采用 Need-blind 录取政策的顶尖大学之一。由于学校每年在中国内地招生数量极其有限，学校招生官很少来中国做招生宣讲。具有竞争优势的申请者需要被哈佛大学驻华校友面试。

【麻省理工学院 Massachusetts Institute of Technology 】

地址：77 Mass Ave, Cambridge, MA 02319

网址：www.mit.edu

麻省理工学院是美国乃至全世界理工类学院的圣殿，未来渴望成为卓越工程师的学生会义无反顾地将申请材料投给招生办。学校地理位置优越，坐落在坎布里奇，与哈佛大学是邻居，建筑风格有的古典典雅，有的具有创意，雕塑也颇具思考性与启发性。4350 名本科学生中其中约有 1/4 是亚裔。另外还有 7000 名左右的研究生以上的学子就读。学校采用特殊的 4-1-4 的学术校历。其中 1 为 1 月四周的短学期，叫作 Independent Activities Program。期间提供特殊课程、讲座、竞赛以及各种研究项目。学校优势专业为工程领域与计算机科学。医学预科也受很多人欢迎，所以生物医学、生物等专业比较抢手。当然，航空科学与物理、数学也是很多人的首选。电子工程与计算机科学可以 5 年获得硕士学位。

学校新生的本科研究机会项目非常有特点。一年的项目中学生与教授进行科研，这个项目可以为学生授予学分或提供补助。由于学校地理位置优越，宿舍设施齐备，大约 70% 的本科学生选择住校。学校体育运动颇受学生的喜爱，很多同学从事多项体育活动。课外社团活动则有鲜明的工科味道。此外，麻省理工学院的老对手是加州理工学院。学校之间有相互开展恶作剧的传统。不要担心学生只会沉迷于图书馆与实验室，便捷的波士顿地铁为麻省理工学院的学生去市中心繁华的社区提供方便。每年该学院在中国内地录取学生数量极其有限，仍吸引无数各种学术竞赛选手、发明创造的申请者前去申请。至于传说奥林匹克竞赛金奖才能被麻省理工学院录取的说法无法证实。

【波士顿学院 Boston College 】

地址：140 Commonwealth, Chestnut Hill, MA 02467

网址：www.bc.edu

波士顿学院位于波士顿郊区一座小山坡上，校园美丽，是很多学生梦想中的学术殿堂。学校拥有宗教背景，强调学术与身体的强健为学校学生所推崇。9370 名本科生中将近 3/4 的学生是天主教。不过学校热烈欢迎不同文化宗教背景的同学申请，亚裔学生比例在 10% 左右。学校拥有 9 个学院，两个校区。学校采用双学期制学术校历。文科、理科、管理、护理和教育为本科学生授予学位。学校采用核心课程体系，本科提供 60 多个专业，覆盖广泛。生物、生物科学、英语、传播、经济与金融专业受大家欢迎。学生在大一时期需要参加写作课程，提高学术写作能力以及阅读大量文献。通常来说，学校的学生一至三年级在校园居住，最后一年搬到校外。每年大约有 1000 名学生参加海外交换学习。全校学生热爱体育运动，橄榄球队对手——圣母大学的比赛座无虚席。任何时间参观体育馆与体育场，都会看到在健身或比赛的学生。而数支学校校队成为过全国比赛冠军。非常有特点的是学校没有兄弟会与姊妹会❶。学生社团丰富，大约拥有 200 个，除了体育赛事以外，更多的社会活动是与周边大学联络社交，并共同成为波士顿红袜队球迷！请同学注意，波士顿学院与波士顿大学不同，也不是波士顿大学的一个学院。目前学校招生政策发生了调整，取消了"提早行动"的申请计划，改成"提早决定"。

【波士顿大学 Boston University 】

地址：121 Bay Sate Rd. Boston, MA 02215

网址：www.bu.edu

波士顿大学位于波士顿市中心。海航开通了从北京到波士顿的直飞航线，每周四班，交通极其方便。从机场出来去 BU 搭出租车很便捷，路途短，费用便宜。地铁是波士顿城市中主要的交通工具。BU 坐落在 B 线，就是绿线的一部分，其间有波士顿大学东、中、西三站，横贯校园。该校坐落在查尔斯河（Charles）河边，与麻省和哈佛隔河相望，风景怡人。尽管校园占地广，但是周边环境安全舒适，生活气氛浓郁。中国学生可以搭地铁直接去唐人街打打牙祭，尝尝龙虾

---

❶美国大学校园生活中经常提到的 Greek Life, 指代的就是兄弟会与姊妹会。兄弟会与姊妹会往往是拥有相同兴趣与价值观的同学聚在一起形成社区。他们培养友谊，鼓励社会活动和锻炼领导力，参与社会服务项目与慈善活动。通常，老会员会与新加入成员结对，辅导、引领新成员。加入兄弟会与姊妹会可以扩大社交范围，结交朋友，获得较丰富的社会资源，进而取得更多实习与工作机会。

中式料理，或徒步去广场商店购物，而去看看隔壁红袜队的练习也是轻而易举。所以在波士顿大学有 80% 的学生会留在这个生活和学习的社区，快乐充实地渡过了他们的本科生涯。

波士顿大学似乎不可避免地要提及它的"大"。首先是"硬件条件"的体现：11 个本科学院，250 多个主修专业和辅修专业，24 个图书馆，超过 2000 个实验室，来自世界近百个国家地区 17983 人的本科学生，无时无刻不在体现波士顿大学的"大而全"。而软件资源则展示了另外一种"宏、广"。比如，学术上，波士顿大学拥有博士及相同学历的全职教授占所有教员的 85%。多名诺贝尔奖及各种领域的顶级奖项得主承担本科教学，你会荣幸地成为他们课堂上的本科学生。学校给本科研究机会项目（UROP）提供高达百万美元的基金资助，可以充分利用各种资源尽情地在各种领域中进行研究。工程、商务、酒店管理、通信与古典音乐等专业非常出色。而地处波士顿的地理位置，实习机会极其丰富（领域包括科学实验室、广告、医学、公共关系、艺术领域、政府部门、金融、商业等），更何况波士顿大学还会提供各种海外实习机会。除了实习，波士顿大学的全球化视野还渗透到其他方面，如海外学期、公益志愿者等。近半数的学生会在超过 20 个国家所提供的近 100 个学习项目中进行学习。此外去海外进行志愿者服务、提供医疗、教育帮助的活动是波士顿大学的优良传统。波士顿大学一直在努力地让一所大学校园中容纳整个世界。

波士顿大学的申请与录取包括两种形式，即提前录取（ED）和常规录取（RD）。ED Ⅰ 的截止时间为 11 月 1 日。而 ED Ⅱ 和常规录取的则为 1 月 1 日。申请波士顿大学奖学金的截止日期为 12 月 1 日。招生办公室十分强调文书的重要性，认为它是区别申请者的首要手段。根据数据，波士顿大学国际学生中来自中国的人数排名第一位，其次是印度和韩国。

【塔夫茨大学 Tufts University 】

地址：Bendetson Hall, Medford, MA 02155

网站：www.tufts.edu

塔夫茨大学建于 1852 年，位于波士顿郊区，乘坐市区地铁可以直接到达。由于学校坐落在一座丘陵之上，所以天气晴朗时可以看到波士顿天际线。学校中等规模，拥有 5907 名本科生，其中 13% 的亚裔学生。授予本科学位的学院有文理学院和工程学院。学校以专业与优秀的本科教学吸引了世界各国的学子。最好的专业是医学预科、牙科预科、国际关系、政治科学、工程、生物、戏剧、语言等。此外塔夫茨拥有全球文明的少儿研究的专业。尽管理工科学生较多，但是国际关系专业的确在美国国内堪称翘楚，毕业后很多同学从事国际公益活动。心理学、英语也是被人们津津乐道。表演艺术十分专业，不亚于很多专业艺术院校。几乎半数学生参加海外学期。

一多半的学生（大一、大二必须）住校。学校的宿舍设施完善，拥有主题性宿舍。学校课外活动丰富，社区安全。体育运动场馆丰富，学校拥有兄弟会、姊妹会社团，不过比例不大(1/4)。学校拥有永久艺术作品展，包括毕加索的作品供学生欣赏。以前实力强劲的申请者愿意将塔夫茨大学作为"稳妥的"学校来申请。不过很多在校生认为它是一所被低估的学校。该校拥有 ED II 录取计划。同时，中国学生录取数量有限，竞争激烈。

【爱默生学院 Emerson College 】

地址： 120 Boylston St., Boston, MA 02116

网址： www.emerson.edu

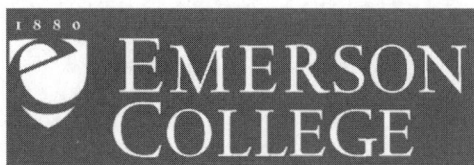

爱默生学院坐落在波士顿市中心，地理位置极其优越。作为一所文理学院，爱默生学院吸引每年无数渴望学习电视电影相关专业的学生前来申请。学校拥有 3878 名本科学生。这些拥有创造力、表现力、艺术细胞的学生在这个盛产演艺艺术翘楚的学院张扬个性，成熟蜕变，化茧成蝶。学校培养了很多出色影视编剧、影评人、新闻工作者、记者、市场专员与公关精英和制片人，演员等。最热门的专业为电影、摄影、录像制作、写作和表演艺术。学生除了学校常规提供的 25 门专业以外，可以自行设计专业。学校的艺术创作中心、数码影像制作室、电子采编室、广播电台、新闻制作工作室、演播室、电视棚等应有尽有。由于相关专业的教学与实践要求，学校的课程是小班授课，由相关领域专业人士传授。学校注重实际运用与操作，爱默生学院也同波士顿中心的伯克利音乐学院合作，开展各种学术项目。同时，爱默生学院在洛杉矶和荷兰拥有自己的中心（分校区），首都华盛顿也承接爱默生的校外学期。在欧洲如捷克等以及中国台湾都有相关学术专业合作的联系。由于波士顿市中心的房价较高，将近一半学生住校，而其他人在附近租住房屋。学校地处市中心，运动场馆有限，但是拥有一个比较大的健身中心供使用。学生主要活动还是与影视制作、媒体和新闻传播有关。校内拥有 100 多个学生组织和社团。该学校离波士顿唐人街不远，便于中国学生改善饮食。

【东北大学 Northeastern University 】

地址： 360 Hungting Ave., 150 Richards Hall, Boston. MA 02115

网址： www.neu.com

同很多大学一样，东北大学坐落在波士顿市中心。学校在 2019 年的大学排名中攀升很快，引起了很多家长、学生和业内人士的关注。学校现有本科学生 14202 名。学校师生比为 1：14。学校拥有核心课程要求，写作突出与强调写作。由于时代变迁，创客型交叉专业兴起，比如数码科技、艺术、游戏设计、交互艺术与计算机混合专业很受欢迎。东北大学

最大特点是学生广泛参加 COOP 项目，以便让学生在毕业之前具有丰富的工作经验。该项目为学生提供了 4～6 个月校外实习与工作机会。尽管学习过程可能会相应延长，但是学生在大学的学习过程中体验了工作与实习，并获得薪水，对于很多学生来说非常有意义。学生可以在四年本科毕业时完成两项 COOP 项目，或者五年毕业完成三项 COOP。校内比较有优势的专业为商科、管理、市场、工程、科学、健康卫生以及生物和生物医学等。学校设有荣誉课程与学校学者项目，具有挑战性。学校设施齐备完善，为了保证在寒冷冬天的便利，很多建筑与地下通道连接，方便校内进行。由于地处市中心，学生人数众多，大一、大二学生要求住在学校提供的宿舍中，很多高年级学生需要在校外租住房屋。学生业余生活相对丰富，拥有 400 多个校内俱乐部，超过 30 种兄弟会、姊妹会。周边休闲娱乐设施齐备。

东北大学拥有有条件录取项目，拥有中文网站，非常友好。

【布兰迪斯大学 Brandeis University 】

地址： 415 So. St., MS003, Waltham, MA 02454

网址： www.brandeis.edu

布兰迪斯大学建立于 1948 年。作为一所相对来说崭新的学校，位于波士顿市外，附近设有地铁和公交线路。自建立日起，该学校已经成为美国乃至世界知名大学。该学校是全美唯一一所非宗教的犹太人大学。学校的学术氛围极其浓厚，课程出色，研究科研项目突出。全校目前有 3688 名本科学生，一半为犹太人。但是该学校不是单一宗教传统学校，很多人信奉天主教，犹太教、新教、伊斯兰教等，多种宗教并存，大家彼此尊重与理解。师生比为 1：10。学校强调核心课程，重点培养学生的写作、外语、数据分析等能力和跨学科整合能力与多元文化理解能力。学校拥有 400 多项与全球 70 国家开展的海外学期项目。优势科目为神经科学、生物、物理、化学等，计算机、经济学与心理学也受欢迎，希伯来语言与文化、中东国际关系与政治专业也很突出。作为一所医学预科强校，很多学生在低学段就可以参与导师研究项目，获得很多实习机会。大部分学生住在校园里，俱乐部种类多，供学生们参加。学校拥有自己的校园电视和广播电台。学校没有兄弟会与姊妹会。学校拥有强化语言的特殊项目。另外，由于学费比较高，需要申请学生提供四年的经济财产说明。

【巴布森学院 Babson College 】

地址： Babson Park, MA 02457

网址：www.babson.edu

巴布森学院很少被国人了解。该学院在美国是顶尖的商科本科学院之一。在波士顿附近，距离市中心约 18 公里。学校有 2386 名本科学生，师生比例为 1：14。最具有优势的专业课程为会计学、经济、自主创业、金融、管理、市场、国际商务等。

自主创业课程是学校的特征，可以追溯到 20 世纪 70 年代。新入学的大一新生被分成小组，小组进行自主创业、建公司、做设计、参与公司企划、运营、制作产品、销售等。当然也可以进行投资等操作。大学会拨给学生资金作为第一年项目孵化项目的启动金。通常学生小组的企业需要自负盈亏，而获利往往会被捐献给社区公益项目。该项目非常吸引人，学生们以主人翁的形式去感受企业从建立之初一直到发展，甚至到破产等全过程，获得直接的实践与体验。课程通常以案例式学习手段，相似于工商管理硕士课程。学校设施齐全完备。大约有 85% 的学生会住在学校宿舍。学生可以自己利用宿舍设备做饭烹饪。巴布森学院甚至拥有学生管理维护的酒店，巴布森学院往往被学生拿来与本特利大学进行比较，但是人数要少一半。学校由于位于一些大学附近，所以很多学生可以跨学校去韦尔斯利女校、布兰迪斯大学、欧林工程学院交叉选课。学生俱乐部丰富，课外生活多样。

【本特利大学 Bentley University 】

地址：175 Forest St., Waltham, MA 02452

网址：www.bentley.edu

本特利大学是全美最好的专注商科的本科商学院之一，学校坐落于波士顿市外，拥有传统的殖民时期建筑与现代化设施。学校有 4228 名本科生，师生比例为 1：11。大学授予毕业生全球商业与文化、文科等文学学士学位。同时在多项领域授予理学学士学位，比如，会计、管理学、法律与税法、金融与信息技术等。国际商务课程受到大家欢迎，并且享有业内声望。每一年级的前 10% 被邀请进入荣誉课程学习。荣誉课程教授是学校教师中的佼佼者。绝大多数学生会充分利用学校资源与项目，获得实习机会，充分锻炼自己以便走入职场。学生毕业求职就业率位列全国前茅。俱乐部的活动也通常以商业或经济有关。相对于巴布森学院，本特利大学的专业范围略广，集博雅教育、商科和科技为一体。学生 80% 左右住在学校的宿舍。学校 24 小时校园警力巡逻，学生感到非常舒适安全。学校的兄弟会、姊妹会并不流行，校园生活丰富多彩。

【威尔斯利学院 Wellesley College 】

地址：106 Central St., Wellesley, MA 024481

网址：www.wellesley.edu

建于 1870 年的威尔斯利学院坐落在麻省，靠近波士顿。作为"七姐妹学院"中的女校之一，拥有无数世界闻名的校友，包括宋美龄、希拉里·克林顿、奥尔布莱特等优秀杰出女性领导者。其作为一所文理学院，享有与顶尖大学齐名的美誉。学校学风严谨，艺术氛围浓厚，校内竞争相对来说比较激烈。2519 名本科学生中有 1/4 学生为亚裔。师生比为 1：8。经济学全美闻名，似乎历史上成功的女性经济学家大都来自于威尔斯利。此外，政治、生物、生物医学、社科、心理学、计算机、外语、语言学、文学等也是大家追逐的专业。学校强调诚实守信，同学签署荣誉准则，自己安排考试，无须监考，广为称赞。学校与 MIT 可以进行跨校选课，丰富课程的同时也可以拓展交友面。科学专业在威尔斯利也是热门，学校拥有全美第二古老的物理实验室，可见一斑。受人尊敬的教授平易近人，校园体量小，随时可以找到。

学生几乎全部住在校园，该校体育中心娱乐休闲设施齐备，拥有画廊、电影院、咖啡厅等，能够满足学生各种文体需求。学校强劲的体育竞争对手是史密斯学院（女校）。学校没有姊妹会，取而代之是各种社交与学术社团。学校地处区域安全，校园风景秀丽，周边有趣地方较少，学生更愿意去距离半个小时车程的波士顿度过周末生活。

【曼荷莲学院 Mount Holyoke College 】

地址：50 College St., South Hadley, MA 01075-1488

网址：www.mtholyoke.du

曼荷莲学院坐落在麻省西部的小镇 South Hadley，创建于 1837 年。曼荷莲学院是美国第一所女子学院，"七姐妹学院"的大姐，也是全美最负盛名的顶尖文理学院之一。"她"致力于培养独立而富有人格魅力的女性，并帮助她们取得事业的成功。

曼荷莲学院是麻省五校联盟（Five College Consortium）的成员之一。盟校其他成员包括史密斯学院（Smith College）、汉普郡学院（Hampshire College）、曼荷莲学院（Mount Holyoke College）以及麻省大学阿默斯特分校（University of Massachusetts at Amherst）。五所学校都在方圆十六公里的范围内，并有往返频繁的免费公共汽车供学生乘坐。学生可以在其他四校选修课程，并享受到其他四校的丰富资源。校际间有免费巴士穿梭。学校拥有花园，湖泊和瀑布。该校校园还连续数年被评为全美最优美的校园之一。学校拥有 2190 名本科生。师生比为 1∶9。国际学生比例高是其特点，也强调让国际优秀女性获得高质量的教育。该校因为卓越的教育及出色的学术表现而享有盛誉。曼荷莲学院可授予学士学位和硕士学位，还开设有相关领域的证书课程，专业设置广泛。其中，国际关系、计算机、生物、化学及英语文学是学校最有名望的专业，经济学和心理学也非常受欢迎。学校体育设施非常齐备完善，有非常优质的马场，便于马术学习。而高尔夫球场也是 18 洞标准球场。学生可以乘坐巴士去其他联盟学校参加活动与聚会。学校奖学金慷慨，对中国学生非常友好。申请该学校不必提交 SAT 或 ACT 考试成绩。学校没有姊妹会，但是拥有超过 150 所俱乐部和社团供大家选择。学校原则上要求全体学生住校。前美国高官部长赵小兰作为华裔校友，为更多中国学生入读该校树立了榜样。

【史密斯学院 Smith College】

地址：7 College Lane, Northampton, MA 01063

网址：www.smith.edu

史密斯学院，建立于 1871 年，是一所位于马萨诸塞州北安普顿的私立独立女子文理学院.是"七姐妹学院"的最大成员，史密斯学院亦为"五校联盟"的成员，这使得"她"的学生能去其他四个联盟成员：曼荷莲学院、阿默斯特学院、汉普郡学院和麻省大学阿默斯特分校上课。史密斯学院拥有 285 位教授，任教于 41 个学术部门与项目，是美国第一个也是唯一一个为自己的本科生颁发工程学学位的女子学院。

　　史密斯学院拥有 2531 名本科生，尽管有完整的硕士和博士系统，但是对本科学院仍非常重视。史密斯学院有非常强大的国际学生服务系统，每个国际学生配备专门的顾问，以方便学生的学业和生活。学校的政府管理系非常出名，很多学生毕业后选择去政府机关工作。心理学与博物馆艺术史也很有特色。最受欢迎的专业还有经济、英语、生物科学等。学校拥有一项特殊专业，就是景观专业。它强调人与自然和人造环境关系的研究，全美属于少见的设置。史密斯有自己的大三海外交流项目，可以让学生去往巴黎、汉堡、佛罗伦萨和日内瓦这四个欧洲城市。到大三，超过一半的史密斯学生都会参加海外交流项目或是去往世界各地学习。学校的各项设施，包括图书馆、宿舍、多媒体教室、剧院、实验室、植物园、艺术博物院非常齐备完善。学生没有姊妹会，但是通常会住在 35 个主题公馆中，通常为 10～100 人住在一所公馆里，类似于 residential college 即像英国传统学校的 house system。同时学校拥有超过 100 所俱乐部与社团，类型与主题多样。著名校友包括：前第一夫人南茜·里根、前第一夫人芭芭拉·布什等。

【阿默斯特学院 Amherst College 】

地址：Amherst. MA 01002

网址：www.amherst.edu

阿默斯特学院创建于 1821 年，是美国最负盛名的文理学院之一。学院坐落于美国马萨诸塞州西部的阿默斯特镇，风景优美，人文气息浓厚。学院拥有在校生 1839 人，只提供本科教育，其中 10% 为国际学生，来自世界 58 个国家和地区，8% 的学生拥有美国和其他国家的双重国籍，美国国内学生几乎来自美国所有州以及华盛顿特区和属地。阿默斯特学院拥有 1：7 的师生比。学院提供 40 个不同的学科专业，包括 850 多门课，涵盖了人文科学、自然科学、哲学、政治、外语、艺术、法律等以及 150 多个出国留学交换项目供学生选择参与。所有课程都由教授亲自授课。98% 的学生在校住校。学院拥有 150 多个学生社团。

阿默斯特学院拥有独特的"开放式课程"（Open Curriculum）， 学生可以根据自己兴趣选择任意学术课程学习，充分调动了学生探索不同学科的自主权和主动权。阿默斯特学院也是"五校联盟"的成员。阿默斯特学院的学生可以在其他四所学校选修课程，课程总量超过六千门，学生总人数超过 38000 名。另外，学生也可以选修"五校联盟证书"（Five College Consortium Certificate）课程，涵盖国际关系、中东研究、佛学研究、亚洲太平洋和美洲研究等。

阿默斯特学院提供全美国最为慷慨的国际学生助学金计划。学院在录取过程中采用忽略所有申请者包括国际申请者家庭的支付能力（need-blind），并在学生被录取后根据学生家庭实际需求进行全额补助（meet 100% of demonstrated need），并不包含任何贷款（no loan）的政策。2020 年，美国 4000 多所高等院校中只有另外 3 所高校采用跟阿默斯特学院同样的助学金政策，而阿默斯特学院是其中唯一一所文理学院。2019—2020 学年，86% 的在校国际学生接受学院助学金资助，平均补助金额为 66093 美金。

阿默斯特学院校友遍布世界各地，很多都是各行各业的领军人物。著名校友包括美国第三十任总统柯立芝（John Calvin Coolidge, Jr.）、《达·芬奇密码》作者丹·布朗（Dan Brown）、摩根士坦利中国区总裁孙玮、五位诺贝尔奖获得者以及超过三十位普利策奖获得者。还包括世界各地政要，例如希腊两任前总理乔治·帕潘德里欧（George Papandreou）和安东尼斯·萨马拉斯（Antonis Samaras）以及肯尼亚现任总统乌胡鲁·肯雅塔（Uhuru Kenyatta）等。

【威廉姆斯学院 Williams College 】

地址：880 Main Street, Williamstown, MA 01267

网址：www.williams.edu

威廉姆斯大学位于美国东海岸，成立于 1793 年，地处麻省威廉姆斯小镇，地理位置非常优越，环境与历史都非常迷人。其积极的教学氛围与宽松的学习环境都得到了很高的评价。本科学生人数为 2078 名。威廉姆斯学院拥有 3 个学术分支，即文科、社科、自然科学与数学。学校师生比为 1：7。学校采用牛津式教学法，强调学生参与、做研究，并且为自己的论点与对手及辅导教师进行一个星期的答辩。学校大部分开设的课程都秉承着小班化教学的宗旨，每堂课的学生不会超过 20 人。

威廉姆斯学院的强项在艺术史、环境科学、历史、政治、经济、英语、化学和生物等，其特色是个人化的教学。每个系都规定开设一门个人辅导课，让两个学生与一位教员每星期会面一次，讨论作业和课堂上的讲义。由于学生的基础教育扎实，威廉姆斯学院的毕业生多数会到其他著名大学的研究院读硕士研究生、MBA、医师或律师等。教师最主要的任务就是为本科生授课。学生参与科研专项研究。威廉姆斯学院被评为"最容易和教授接近"的学校之一。校内拥有闻名的艺术博物馆。不过学校周边没有什么娱乐休闲设施，所以学生活动主要在校园内部举行。校园于 20 世纪 60 年代取消了兄弟会。学生热爱体育运动。对于学校非常认可，新生返校率遥遥领先。威廉姆斯对于国际学生也是 need-blind 的政策。

【布朗大学 Brown University 】

地址：45 Prospect St., Providence, RI 02912

网址：www.brown.edu

布朗大学建立于 1764 年，坐落在美国罗得岛州首府普罗维登斯市。世界级顶尖私立研究型大学，常春藤成员校之一。布朗大学依旧保持着"小而精"的精英式教育，本科生仅 7190 余人。师生比为 1：6。

布朗大学的所有学科都属一流水平，人文学科具有鲜明特点与优势，它在文学、英文、历史、艺术史等方面的研究一直深受学术界的称赞。此外，心理学、数学、机械工程、土

木工程、物理、计算机科学和地球科学也相当不错，布朗大学设施完备、设备先进、技术领先、治学严谨、学风纯正。布朗大学实施 "布朗教纲"。学生们只需在四年内通过三十门功课，并且证明自己在文字表达上的能力，就可毕业。学业审核标准不是按照分数来衡量。只有及格与不及格。在布朗大学，实行自由开放课程体系纲领。重视本科教育。学生们可以自己设计跨学科的专业课程。布朗大学还为学生们提供良好周到的咨询服务，把一个学生跟一名教授和一个 "同龄顾问" 搭配起来。每年 50 名大一新生入读八年制医学院攻读。学校要求学生前 6 个学期居住在学校宿舍。学校宿舍有单人、双人和三人间。布朗大学全校拥有许多设备齐全的现代科学实验室。布朗大学的图书资料相当丰富，是美国新英格兰地区最大的大学图书馆之一。学校拥有 400 多个学生组织与社团。兄弟会、姊妹会范围较小，但是活动较多。学校关注社区服务与志愿者活动，让学生充分发挥社会领导力，改变周边的环境。支持言论自由，可以对现实社会问题各抒己见。所在城市生活舒适便利。与隔壁罗德岛艺术学院可以相互选课。

【达特茅斯学院 Dartmouth College】

地址：6016 McNutt St., Hanover, NH 03755

网址：www. dartmouth.edu

达特茅斯学院建校于 1769 年，位于美国东北部新罕布什尔州汉诺佛市，常春藤联盟成员之一。该校直到 1972 年才改为男女合校，是常春藤学院中最晚接纳女生的一个。全校本科生 4459 人，师生比例为 1：7。卡内基基金会将达特茅斯学院列为 "研究活动水准最高" 的大学之一。对于本科申请者来讲，学校选拔非常激烈。学校拥有本科文科、理科和工程学系。超过 50% 的学生曾参与世界范围内 20 多个国家提供的校外课程项目。学校中优势专业为生物学、商科、心理、社科类、计算机科学、工程学和经济学。外语专业也很突出。BASIC 语言诞生于此。学校采用 DPlan 学制，就是每年四个学期，每个学期 10 周，包括暑期学期。在大一与大四以及大二后的暑假必须在校攻读。除此之外，只要学生能够保证毕业，则不要求学生必须在校学习。因此，很多学生此时利用这个机会参加学校提供的 44 个海外项目或者去实习与旅游。90% 学生居住在宿舍里，宿舍有 11 个居住区。超过半数学生（60%）加入兄弟会和姊妹会。达特茅斯学院所在区域交通出行便利，十几分钟的车程内即可购买到日常所需生活用品。一家中国超市位于学校附近，虽然规模较小，却也能满足中国留学生对 "老干妈" 等传统美食的需求。达特茅斯学院距离波士顿两个半小时车程。达特茅斯学院被群山环抱，同时该校拥有最古老与最大的户外运动俱乐部，喜欢户外活动的学生可以充分享受远足、山间旅行、宿营和皮划艇等活动的乐趣。

【明德学院 Middlebury College】

地址：Middlebury, VT 05753

网址：www.middelbury.edu

明德学院成立于 1800 年，坐落于美国佛蒙特州明德镇这个典型的新英格兰小镇里的一座小山之上。明德的校园视野极好，可以直接看到青山和阿迪朗克山以及各种富有历史感的建筑。明德学院是美国最古老的文理学院之一，也是著名的贵族学院。明德学院遵循着"4–1–4"的学术日历，要求在秋季学期和春季学期修四门课，在冬季学期修一门课。同时，明德学院也是"小常春藤"的成员之一。在西班牙马德里、法国巴黎、日本东京、德国柏林、意大利佛罗伦萨、中国杭州和俄罗斯莫斯科等地有 30 多个教学点。学校拥有 2580 名学生，师生比 1：8。大多数课程班级人数少于 19 人。学校学术强度高。除了专业所需要的 10～16 学分的课程外，学生还要满足八个核心领域专业课程中修完七项的要求。明德学院的语言、国际研究和环境科学为优势专业，所有的课程都由教授亲自教授，而不是研究生助教。经济学和心理学也很受欢迎。除了其核心的本科教育之外，明德学院语言学校在每年暑假向世界各地的学生提供超过十门语言的暑期项目。录取也是格外具有竞争性。学生很多非常朴素与低调。所有大一的学生需要居住在五个学生宿舍区。类似于哈利·波特小说的四大学院。学校组织魁地奇比赛，并建立了全球的联盟。学校拥有超过 150 学生组织的社团与俱乐部。学生热爱户外运动、徒步旅行、骑车、滑雪等。主要活动在校内组织，附近社区义务服务也是学生的推崇。

二、纽约州——纽约市及周边

【哥伦比亚大学 Columbia University】

地址：212 Hamilton Hall, New York, NY 10027

网址：www.columbia.edu

哥伦比亚大学于 1754 年在纽约建立，最初名为国王学院。是历史较为悠久的私立大学之一。学校本科学历下设 3 个学院，分别是哥伦比亚学院（Columbia College）、Fu 工程与应用科学院（The Fu Foundation School of Engineering and Applied Science）以及通识学院（The School of General Studies），位于纽约曼哈顿上西区 112st 到 113st 之间。学校本科人数 6245 人，师生比为 1：6。一半学生来自于世界各地。隔壁的 Barnard College 作为哥伦比亚大学的一部分，拥有 2200 名左右的本科生，自己独自管理运营。哥伦比亚大学以必修课为核心课程体系，前两年一定要修够足够的分数，工程学院也需要完成一半的核心课程。优势专业有英语、化学、生物医药工程、心理学、经济学、社会科学、政治科学等。此外工程、计算机与信息技术与服务也很受欢迎。东亚语言与研究全美第一。由于是核心课程体系，学生最终升入医学和法学院的比例很高。学校提供多门跨学科的专业，比如，哲学与经济、生物与心理学等。学校地处市中心，大型体育活动受影响。但是市中心提供了很多其他的机会。因为在纽约，一切梦想都是可以实现的。纽约交通发达，生活便利，实习、就业机会也多。

哥伦比亚大学附近活动设施十分齐全。超过 90% 的学生住在学校提供的宿舍里，考虑到纽约市中心高额租房价格，学校保证提供四年住宿，非常亲民。兄弟会、姊妹会规模不大。学校附近还有很多家中餐馆，以及很多其他国家美食。在学校西边有很多经济实惠又好吃的食物推车（food truck），菜系齐全，甚至中式肉夹馍等也应有尽有。

【纽约大学 New York University 】

地址：70 Washington Square North, NYC 10012

网址：www.nyu.edu

纽约大学建立于 1831 年，是目前最大的美国私立大学。纽约大学在成立之初只有 158 名学生，现在已经发展成为超过 26981 名本科学生，师生比为 1 : 9。除了位于纽约的主校区，在上海和阿布扎比也有分校。学校作为真正的城市中的学校，没有围栏与围墙区分校园。如今的纽约大学十分多元化和国际化，除了有来自美国每个州的学生之外，还有来自世界各地的学生和访问学者等。纽约大学的核心是学术。纽约大学拥有多个学院，最大的是文理学院。如果渴望学习戏剧与电影，则可以选择 Tisch 艺术学院学习。而 Stern 商学院的名气与沃顿商学院等齐名，申请竞争激烈。纽约大学受欢迎的专业很多，包括视觉与表演艺术、社会科学、英语、历史、应用数学、会计、商业、管理、市场、通识文理、人文和卫生等。学校保证学生四年宿舍，学校拥有 300 多个学生社团与组织，兄弟会姊妹会数量不多，大概 30 个，但是比较活跃。

纽约大学主校区在纽约市华盛顿广场，属于曼哈顿中城，学校周边的地铁和公交车系统都十分完善，交通方便，完全不用担心出行问题。

纽约大学所在的曼哈顿中城治安较好，学校的建筑都会挂上紫色的旗子。学校的校警也非常尽职尽责，每一栋建筑都有安保人员。由于地理位置优越，学生在寻找就业与实习机会时比较有优势。此外，周边设施齐全，生活极其便利。此外，由于中国学生与家长对于纽约的认识与理解，每年申请学生很多，竞争也非常激烈。

【库伯联合学院 Cooper Union】

地址：30 Cooper Square, New York, NY 1003

网址：www.cooper.edu

坐落在格林尼治镇的库伯联合学院，建于 1859 年，是美国最古老的和最独特的高等教育学院，设置有三所学院，包括建筑、艺术和工程，并且学校为录取的所有学生提供半额奖学金。三个学院通过人文与社会科学教授相互关联，所有学生接受人文与社科核心课程。学校拥有活泼而又严谨的课程，备受赞誉的国际知名教授。库伯联合学院提供独特的受教育机会，除了课堂上学到的知识外，还能在纽约这座现代化大都市实践想法以及获得实践经验，进而为学生在艺术与科学领域发展做好准备。学校只有 857 名学生，师生比为 1∶7。

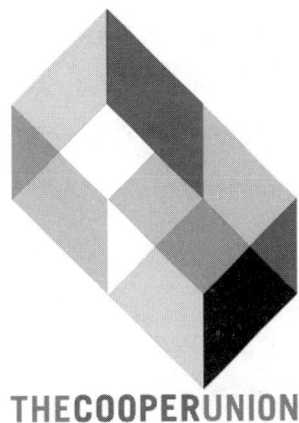

库伯联合学院获得许多全美知名奖项，其中包括 33 个富布莱特学者奖。库伯联合学院是同类院校中最知名的高等学府，吸引来自世界各地的优秀学生。该校也是美国唯一一所只提供建筑、艺术和工程专业的本科院校。

库伯联合学院的毕业生有的在传统的工程和建筑公司工作，也有的任职于设计、城市规划、建筑、广告、出版、营销和媒体公司。同时，也有众多毕业生选择继续在工程、法律、医药、商科、美术和建筑专业获得就读研究生。

库伯联合学院给学生以及学生家庭提供经济援助，并提供经济援助过程的指导。尽管学校校园规模小，社会活动举办受限制，但是学校地处纽约市中心，生活极其便利与舒适，校外业余生活机会丰富，同时纽约本身也是艺术专业学生作品素材与灵感的来源。

【耶鲁大学 Yale University】

地址：PO Box208234, New Haven, CT 06520

网址：www.yale.edu

耶鲁大学作为常青藤盟校中的一员，以长期与哈佛大学竞争而闻名世界。耶鲁大学坐落于纽黑文，有 6092 名本科生，学校师生比为 1∶6。耶鲁大学是由普通本科学院、艺术与科学研究生学院和 13 所专业学院组成。其中管理学院、医学院、艺术学院和护理学院在全美都排在前列，法学院更是高居 US News 世界大学榜单首位。最受欢迎与优势专业首推历史学，还有政治科学、生物、英语和经济。有趣的是，耶鲁没有采用核心课程体系，但是对于学生各相关课程领域有相关课时要求，比如人文、社科、科学、数学、写作等。学生有两周的试读机会来确定自己最后的

选择。尽管学校历史上不赞成同学海外学习，但是随着时代发展，现在大三学生会充分利用学校海外学习机会去探索纽黑文之外的世界。学校以学生为本，学生入学后会被分配到14个不同的住宅学院，每一个学院都配有一名院长、一名研究生与学生共同吃住。哥特式的建筑遍布校园的美丽庭院。学校还特意建立了文化中心，为学生提供了在校园建立文化认同感的空间，可以享受充足且多样化的资源去接触各种艺术形式。或许是由于城市文化的带动，耶鲁大学的学生文化活动十分丰富多彩，校园里有超过500个活跃的学生组织，其中包括50个表演团体和60个文化社团。学校神秘兄弟会闻名遐迩，比如骷髅会等。学校同时拥有帮助纽黑文社区的公益社区服务组织，该组织为全美最大的社区服务组织。耶鲁大学周边交通十分便利，校园公交、城际公交、出租车、自行车任你选择。

但纽黑文治安状况却令人担忧。学校为了学生的人身安全不得不做加倍努力，校园里随处可见校警和报警装置。某些区域尽量少去或不去。耶鲁大学的住校生可以选择购买学校的餐饮计划，或者在宿舍公共厨房自己做饭。学校的运动队赛事中与哈佛大学的橄榄球比赛不仅仅是一项体育赛事，更是一个社交活动，拥有悠久历史。

【康奈尔大学 Cornell University 】

地址：410 Thurston Ave, Ithaca, NY 14850

网址：www.cornell.edu

康奈尔大学创办于1865年，主校的所在地伊萨卡小镇风景优美。康奈尔大学是美国以及全球顶级的私立研究型大学，也是美国常春藤盟校之一。在校本科学生15043人，师生比1∶9。在本科部分康奈尔设有农业与生命科学学院、建筑、艺术与规划学院、文理学院、约翰逊商学院、工程学院、人类生态学院、工业与劳动关系学院等。7所本科学院分别录取自己的学生。其中有4所学院为私立的，而另外3所为公立的属性。最大的学院为文理学院和农业与生命学院。康奈尔大学的工程学院、农业学院以及商学院下面的酒店管理专业的知名度都非常高。值得一提的是康奈尔拥有全美最好的酒店管理专业，学校内部就有酒店，学生不出校园就可以直接在实践中学习。学校提供超过4000门课程，优势专业有历史、表演艺术、政府、物理、化学和数学等。英语专业也非常受欢迎。康奈尔的图书馆是全美的十大图书馆之一，藏书超过700多万册。学校拥有超过1000个学生组织，开展着丰富多彩的活动。新生居住在校园北部校区。康奈尔大学兄弟会、姊妹会流行，拥有超过60个不同组织。另外，校园活动最为著名的是"Dragon Day"。这一天建筑设计系大一的学生会举办以龙为主题的校园游行。

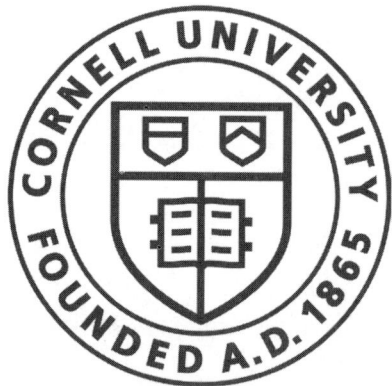

该学校交通不太便利，同学们一般会选择伊萨卡机场（Ithaca Airport）前往。康奈尔大

学的校园餐厅可以说是全美大学里面最好的，10 个自助餐厅分布在全校。除了校内的餐厅，学校附近的 college town 也有很多吃饭的好去处。

【巴德学院 Bard College】

地址：Admissions, Annandale-on-Hudson, NY 12504

网址：www.bard.edu

巴德学院创建于 1860 年，位于纽约上州的安娜戴尔镇，是美国著名的顶尖文理学院之一。巴德学院非常重视自由的文理科教育，堪称是反传统和理智主义的堡垒。课堂上师生间的辩论十分普遍，话题广泛。学院音乐表演专业非常出名。目前顶级音乐大师谭盾先生作为系主任。1954 多名本科学生来自全世界，师生比例 1：10。实力最强的专业是经济、政治、人权、美术、英国文学、视觉与表演艺术、医学预科、法学预科等。大多数学生住在美丽的校园中，大一新生必须住在学校所提供的 40 所住宿区，包括主题宿舍。学校拥有超过 100 个学生组织与俱乐部。在校园中没有兄弟会与姊妹会。学校期待大一新生可以快速融入巴德，所以要求学生提前 3 周到校，进行新生教育。巴德学院通过巴德 "洛克菲勒项目" 提供学生在纽约的强化学习，进行科学研究。此外，学生也可以通过 "全球化与国际事务项目" 在纽约市进行学习与研究。巴德学院拥有强大的全球实体校园网络。国外的五个分校，分别在德国、俄罗斯、奥地利、巴勒斯坦和吉尔吉斯斯坦。最有趣和代表性的是，学生志愿活动中有一项是将学生送到纽约州的监狱帮助囚犯进行知识与再改造辅导活动。学校格局错落有致，分布风格迥异的各类建筑，从 1860 年的早期建筑到极具后现代风格的音乐厅都和谐并存着，每个周末学校里都有无数学生组织的活动——表演、乐队、舞会、晚餐会、俱乐部集会等。

【宾夕法尼亚大学 University of Pennsylvania】

地址：3451 Walnut Street, Philadelphia, PA 19104

网址：www.upenn.edu

宾夕法尼亚大学，简称宾大，位于宾夕法尼亚州最大城市费城，创建于 1740 年，是美国第四古老的高等教育机构，也是美国第一所从事科学技术和人文教育的现代高等学校。著名的八所常春藤盟校之一。学校拥有 10019 名本科生，师生比为 1：6。秉承创始人富兰克林的教育理念，宾大现今成为多数顶尖学生的首选。学校设有 12 个学院，其中 5 所提供本科教育。沃顿商学院更是全世界商科

学生的梦想之地。优势专业有金融、经济、历史、英语和工程学等。人类学专业与芝加哥大学齐名全美之首。此外，护理学院也是名声遐迩。宾大的跨学科与边缘学科的项目非常独特，且享有盛名，比如在心理学、语言学和计算机方面与哲学的关联。再比如，整合心理学、生物，以及人类学方面诞生的生物行为基础专业。学校不提供 COOP 项目，旨在强调在学校的充分学习。不过，每年大概有 2500 名学生参与到遍布全球 50 个国家的海外交流学习项目。此外，学生可以提前申请获得研究生学历项目（大三阶段），这样大四就可以提前修习研究生课程内容。宾大体育活动比较丰富，相比于其他常春藤学校，该学校更有团队精神。学校拥有很多主题宿舍，供大家选择。超过 1/4 的学生参与到大约 50 所兄弟会、姊妹会当中。学生组织和俱乐部众多，并且为西费城的社区提供公益服务的组织与活动。由于地处费城，生活便利，学生课余可以去博物馆、艺术中心、餐馆、酒吧等，交通通畅。学校周边社区安全性有些让人担心，不过学校对于安保非常重视。

【普林斯顿大学 Princeton University】

地址：110 West College, Princeton, NJ 08540

网址：www.princeton.edu

普林斯顿大学，建立于 1746 年。是世界著名私立研究型大学，位于美国东海岸新泽西州的普林斯顿市，是常青藤联盟成员之一。普林斯顿市是一座别具特色的乡村都市，面积约为 7 平方公里，景色幽雅，四周绿树成荫，清澈的河水环绕着小城，学校围墙常春藤缠绕，的确名副其实。普林斯顿大学最引以为自豪的是本科教育，拥有 5422 名本科学生。学校师生比例为 1：5，由于学生人数不多，教师有足够的精力来关心学生的作业。导修制是普林斯顿大学教学的一项特色，学校大部分基础课程都是在 100～150 人的大礼堂内上课，但每个星期学生们都参加 10～15 人的小班，由教授或是助教带领，复习一周来所学的课程，这些由助教或教授带领的讨论给学生们更大的空间去理解课堂所学的理论。学校的教育特点是本科生需要做独立研究工作，大四的时候需要撰写论文，工程专业学生需要完成毕业项目设计。普林斯顿大学本科学生都要签署被称为"荣誉规章"（Honor Code）的学术诚信的保证。普林斯顿大学考试无人监考。最受欢迎与最具优势的专业是数学、哲学、物理和分子生物等。此外公共政策与经济学也是顶尖专业。普林斯顿大学最显著的特色之一就是其紧密结合的住宿社区。大多数普林斯顿学生都住在校内的六所学生宿舍里。本科阶段的社会活动包括一系列的"饮食俱乐部"（Eating Clubs）。超过 10 所俱乐部入会要求严格，Eating Clubs 会为加入的学生提供社交与餐饮服务。学校去往纽约与费城的交通还是很方便的，这样周末学生也可以到其他城市放松心情。该校学生热爱体育，学校的橄榄队、篮球队、曲棍球队都取得过很多优异成绩。招生时，采用国际学生 Need-blind

原则，竞争极其激烈，每年本科中国学生录取寥寥。

三、加利福尼亚州——洛杉矶及周边

【加州大学洛杉矶分校 University of California: Los Angeles】

地址： 405 Hillgard Ave., Los Angeles, CA 90095

网址： www.ucla.edu

加州大学洛杉矶分校，简称 UCLA ，位于美国洛杉矶 ，是世界著名的公立研究型大学 。它位于洛杉矶西部，日落大道的南部。就大小而言，它是加州大学系统内第二小的校区，周围是洛杉矶最富的三个区。学校有大约 31543 名本科生，师生比为 1：18。学校沿用加州公立大学四学期 （quarter）学制。UCLA 的工程与应用科学学院闻名遐迩。电影、戏剧与电视学院更是占尽地利与人和，为人瞩目。受欢迎的音乐学院提供爵士乐研究，同时学校的生物科学也拥有很高评价。UCLA 是美国商业金融、高科技产业、电影艺术等专业人才的摇篮。此外，工程、舞蹈、心理以及经济都是优势专业。尽管前两个学年大多数学生需要修学核心大课，有时多达 300～400 名同学同时上课。但是其他时候课堂的人数还是在 50 名以内。它是南加州地区入学竞争最激烈的学校，也是整个加州最大的大学。亚裔美国人在学校中占比很高，大约有 35%。由于学校地处市中心，学校保证三年学校住宿条件，约有一半学生居住在校园里，其他人在附近租住房屋。学校体育是特点与优势。获得 NCAA 冠军的数量是美国所有大学中最多的。该学校培养出的奥林匹克选手数量位列全美前茅。学校的劲敌与对手是南加州大学。学校拥有超过 1000 所学生组织与社团，超过 60 个兄弟会与姊妹会。大概 1/4 的学生加入兄弟会与姊妹会。学校周边餐饮选择丰富，商场、咖啡厅等设施齐备，生活十分便利。加之加州阳光灿烂的天气与充满热情的同学为伴，学生学习生活体验很美好。

【南加州大学 University of Southern California】

地址： University Park, Los Angeles, CA 90089

网址： www.usc.edu

南加州大学，简称南加大，建立于 1880 年，是美国西海岸最古老的顶尖私立研究型大学，通常所指代的是在洛杉矶市中心大学 Park 校园。约在洛杉矶市区南方 3 公里处。学校拥有 20351 名本科学生，师生比例为 1：9。国际学生人数众多。学校拥有核心课程体系，需要学生完成 9 门课程。其课程水平极受肯定，其中商学院、社科、表演艺术、工程、电影、传播、新闻、建筑及理工学院等科系在美国大

学中相当知名。尤其电影学院伴随着邻居好莱坞的电影工业蓬勃发展，很多优秀学生获得好莱坞和研究实验室的实习机会。电影《毕业生》《阿甘正传》都取景于此校园。学校鼓励学生修习双学位或主修一门辅修一门。大一学生通常居住在校园宿舍。50 个兄弟会与姊妹会吸引了大约 1/5 的学生。USC 南加大和宿敌 UCLA 的对抗是极为著名且疯狂的，两者在学术上都有很杰出的表现，而在体育上的竞争程度更是绝无仅有。学生社会生活丰富多彩，校园拥有 1000 多个学生组织与俱乐部。学校不断加强安保与防范，确保学生生活学习的舒适与安全。

【克拉蒙特·麦肯纳学院 Claremont McKenna College 】

地址：Claremont, CA 91711

网址：www.claremontmckenna.com

克莱蒙特·麦肯纳学院建立于 1946 年，位于加利福尼亚州克莱蒙特，是美国顶级私立文理院校以及克莱蒙特学院联盟成员之一。联盟各学校的学生自己相互修选课程，同样也会参与彼此的社会活动、体育项目与享受餐饮服务。学校有 1343 名学生，97% 的学生居住在学校宿舍。学校优势专业为经济学、政府、管理和国际关系。会计与咨询专业也非常受学生欢迎。11 个研究中心坐落于校园，便于本科学生拥有充足的研究机会。大部分学生在四年内成功毕业。校友从事各行各业的工作，其中许多人活跃在商务、国际关系、医学、国家职能部门和法律等领域。这里适合喜欢派对的学生、爱社交的学生，也适合两者都不喜欢的学生。因为学生们都很好相处而且各有性格，学校有各种社团俱乐部供大家参与。因为校友网络的紧密联系和广泛、学校对学生领导能力及实际能力的培养，学校为学生提供优秀的实习机会，学生的就业令人满意。另外，该校对中国学生中特别优秀的申请者会有丰厚的奖学金。目前学校在提早决定的录取环节中录取学生比例很高。

【哈维·姆德学院 Harvey Mudd College 】

地址：301 Platt Boulevard, Claremont, CA 91711

网址：www.hmc.edu

哈维·穆德学院，是美国顶级的文理工程学院之一，克莱蒙特学院联盟成员，创办于 1955 年 12 月，是科学、工程、数学领域的私立精英学院，相关专业实力以及录取学生的生源常常与麻省理工和加州理工等相提并论。学生不仅可以在五校跨校选课，还可以拿其他学校的专业学位。

学院只提供高质量的精英本科教育，不设研究生院。学院致力于培养社会科学及人文科学领域优秀的科学家、工程师和数学家。该学院授予化学、数学、物理学、计算机科学、生物学、工程学四年制学位以及数学生物学跨学科学位，并设有计算机科学与数学或生物学与化学的联合专业。学校尽管以理工科为优势，但是学校也在不遗余力地培养全面发展的人才，拓展人文领域教育。学校推行"通用核心"学术要求。课程非常难，但教授与学生关系密切。九大专业中，工程是最强的，其次为数学与计算机科学。在校学生 895 人左右，师生比 1∶8。哈维·姆德学院实行 Honor Code 政策，考试不设置监考。98% 的学生住在校园 8 所宿舍中。学校不接受兄弟会与姊妹会。五校共享非常多的资源，比如，图书馆、书店、健身房以及学生俱乐部等。五校的餐厅也都共享，共有 7 个餐厅散布在五校校园各地。

【波莫纳学院 Pomona College 】

地址：333 N College Way, Claremont, CA 91711

网址：www.pomona.edu

波莫纳学院，创建于 1887 年，是一所世界一流的顶级文理学院，其本科教学及学术成就在全世界均负享盛誉。学院只提供高质量的精英本科教育，不设研究生院。学院在校生约 1717 名，是美国最难录取的大学之一。任何波莫纳的在校学员可以在其他克莱蒙特联盟的学院里面选修近 50% 的课程。波莫纳学院的 70% 课堂人数少于 19 人。1∶8 的师生比例以及 100% 的教授授课率完美地保证了本科教学的质量。学校初衷就是打造类似美国东北部新英格兰的优质教育，保证小班教学与师生紧密联系。学校提供大约 45 个专业。波莫纳的文理教学理念要求学生至少在"创意表达""社会体制与人类行为""历史，价值与道德""物理与生物科学"和"数学逻辑"这五个领域内至少选修一门以上的课程。学校生物、神经科学、英语、国际关系与经济学专业是最有影响力与最受欢迎的。电影与电视传媒也是领先地位。

波莫纳为学生提供几个学术中心作为学习辅助。写作辅导中心为学生提供免费写作能力辅导以及论文写作咨询。接近一半波莫纳的学生会在大三的时候选择进行出国交换学习。学生可以在任何的专业内进行出国交换学习，并且也可以申请波莫纳项目之外的交换学习。波莫纳 97% 的学生居住在 14 个学生宿舍里，包含有单人间。校园拥有超过 200 个学生组织与社团。兄弟会只有 3 个。学生可以参与超过 280 个克莱蒙特联盟的学生组织和俱乐部，真正融入学校生活。

【匹泽学院 Pitzer College 】

地址：Claremont, CA 91711

网址：www.pitzer.com

匹泽学院建于 1963 年，作为克莱蒙特联盟的成员之一，和其他学院共享资源，学生可以去其他学院修课。在校生 1119 名，师生比 1：10。由于学院规模小，教授与学生互动性大。学院的必修课少，学生有更多的机会上喜欢的课程。可以在其他联盟学校选定专业，也可以在匹泽确定自己的专业。热门专业为社会学、环境科学、心理学、视觉与表现艺术、地区与种族研究、金融学 / 市场营销、大众传播 / 新闻等。同时匹泽学院为国际学生也提供独特的 "桥梁学习计划"。匹泽学院就一直秉承其特有的教育理念，学生在教师指导下可自由开展学术研究，学生个人成长备受关注。与其他学校追求一般核心教育目标不同，培泽学院特别强调研究中的多文化、跨学科视角及社会道德责任，形成其独有特色。注重学生对问题的深入理解，学校中的每个人都是平等的，尽管来自世界各地的学生有着不同的民族、种族、文化、政治和经济背景，学校作为一个载体却将它们很好地融合在一起；学校不断地鼓励学生用全新的视角来观察世界，并寻找更好的办法帮助学生找到有意义的生活方式。3/4 的学生利用学校丰富的海外资源，参加海外学期项目。学校招生时不需要学生提供 SAT 或 ACT 成绩，但是需要学生在原中学成绩优秀，比如是年级前 10% 或 GPA 优异。学校拥有超过 100 所学生社团与俱乐部，不过没有兄弟会姊妹会。无特殊情况，学生应该居住在学校宿舍。

【斯克利普斯学院 Scripps College 】

地址：1030 Columbia Avenue, Claremont, CA 91711

网址：www.scrippscol.edu

斯克利普斯学院建立于 1926 年，是一所优秀的女子学院。在校学生 1089 人，师生比 1：10。作为规模很小的女子学院，它致力于培养学生成为独立、智慧的女性，校内有比较强烈的女权意识。学院有一个三学期的人文科目的核心课程，帮助学生获得全面的发展。主题围绕 "文化、知识和展示" 进行展开。为了培养独立自主思考的女性，学院注重博雅教育。毕业要求包括美术、文学、自然科学、社会科学、数学、外语、女性研究和种族研究课程。斯克利普斯学院还需要一年级的学生参加写作课程。优势专业为英语、室内艺术、国际关系、心理学等。学生在海外学期中修得的课程被赋予学分。此外，作为克莱蒙特联盟学院之一，学生可以享受其他学校的资源和在其他学校选修课程。校园非常漂亮，大多数学生居住在九所校园地中海式的宿舍里。

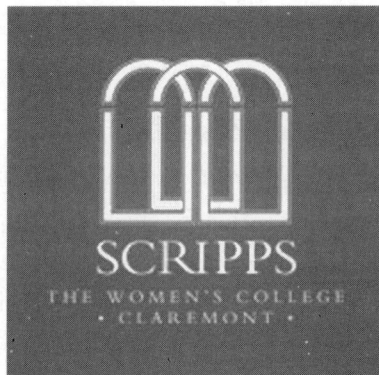

【西方学院 Occidental College】

地址：1600 Campus Road, Los Angeles, CA 90041

网址：www.oxy.edu

西方学院是位于美国加利福尼亚州洛杉矶市的一所小型私立文理学院。西方学院于 1887 年成立；学院也被称作"OXY"。学校共计 2081 名学生，师生比 1：10。西方学院把学术课程与学生本身及洛杉矶地方资源巧妙地结合起来，有效地发展了学生的技能。学生们学习努力，有强烈的群体意识，严格的课程、一流的师资、多样的学生群体和获得洛杉矶资源的通道，使得西方学院拥有紧密交流环境气氛同时也有无限拓展空间。学校优势专业主要是表演艺术、化学、经济学、英语、音乐、心理与创新外交政策与国际关系领域。学校鼓励学生多元化体验与学习，包括实习、独立研究、海外学习等。西方学院超过 75% 的学生获得了不同形式的经济援助。与其他顶尖文理学院一样，与很多大学进行学术合作。比如，加州理工学院、哥伦比亚大学等。学校因为前总统奥巴马就读而名声遐迩。此外，大多数学生居住在学校宿舍中。拥有超过 100 所学生组织与俱乐部，加之兄弟会、姊妹会，校园各种社交活动丰富。由于地处洛杉矶，学生可以享受加州的海滩、阳光、山脉、滑雪胜地等惬意的乐趣。

【加州理工学院 California Institute of Technology】

地址：1200 E. California Blvd., Pasadena, CA 91125

网址：www.caltech.edu

加州理工学院，简称 Caltech，创建于 1891 年，是世界最顶尖的理工类科学研究型学府之一。加州理工学院占地 124 英亩，坐落在帕萨迪纳繁华市郊。在校仅有 938 名本科学生。该校以培养研究型人才为主要目的，一直以来实施严格的精英式教育，专注科学与工程专业方向，师生比例仅有 1：3。学校采用 quarter 制校历。这所私立大学的宗旨是"为教育事业、政府及工业发展需要培养富有创造力的科学家和工程师"。注重解决问题为核心，培养出色的科学专业的学生具有创新科研的能力。学校并没有多么亮眼的建筑，少了一点文科学院的浪漫与优雅，但是高能与最先进的实验室与设施为学生的研究提供了可能。几乎所有的本科学生参与科学研究之中。数学、机械工程与物理等专业最受欢迎。学校倡行 Honor Code。80% 学生都住在学校的宿舍中。大一进行宿舍选择，四年变化很少。该校没有兄弟会、姊妹会，此外社交与业余生活也在充满"学生自治"的 11 所宿舍中展开。最热门的竞技比赛不是传统的体育，更多的是计算机和机械工程的竞赛。加州理工学院与麻省理工学院有趣的"恶作剧"传统众人皆知。

四、加利福尼亚州——旧金山及周边

【加州大学伯克利分校 University of California: Berkeley 】

地址： 110 Sproul Hall, Berkeley, CA 94720

网址： www.berkeley.edu

加州大学伯克利分校建于 1868 年，位于美国加利福尼亚州伯克利市，地处旧金山湾区东北部，与旧金山、金门大桥等隔湾相对，依山傍海，景色壮丽。学校具有强调自由的传统，保持常新和不断进取的精神。1964 年的自由言论运动，使伯克利成为世人瞩目的焦点。学校拥有 31780 名本科生，师生比为 1：20。在自由主义的熏陶下，伯克利新学科的建设一直处于时代前列，学校也非常注意对交叉学科、边缘学科的研究。加州大学伯克利分校的本科项目是四年全日制的，非常强调艺术与科学方面的培养。六所本科学院都有各自的通识课程要求，不过学生可以用高中的 AP 课程考试分数来抵换学分。大一新生的入学竞争非常激烈，但有很多学生通过转学在大二、大三时进入到伯克利就读。伯克利受欢迎和优势专业众多，比如：建筑、工程、物理、化学、电子工程与计算机科学、政治科学、分子细胞生物学、环境科学以及英语、历史、经济学等。由于学生数量较多，基础课往往有 500 人共同学习。更多的时候，学生需要有自主学习的能力与意识。此外，学生除了大一在学校居住，大二以后多数都会在校外租住公寓。学校校内竞技比赛不火爆，但是健身与锻炼在加州还是很盛行。著名的校体育队包括橄榄球队、篮球队等，其中伯克利橄榄球队和斯坦福大学橄榄球队于每年秋季会举行一次盛大的比赛，俗称 Big Game。学校兄弟会、姊妹会气氛浓郁，此外超过 1000 个学生组织与俱乐部为在校生提供了丰富的课余生活。伯克利校园周边四通八达，往南通过旧金山—奥克兰海湾大桥或东湾高速可到达旧金山市区、斯坦福大学和硅谷等地。

【斯坦福大学 Stanford University 】

地址： Montag Hall, Stanford, CA 94305

网址： www.stanford.edu

斯坦福大学建于 1885 年。主校园位于旧金山湾区，距离旧金山市有 48 公里。学校吸引了全世界最具有天赋和聪颖的学子。学校有 6996 名本科生，师生比为 1：5。最受欢迎的专业为生物、化学、经济、社会科学、多元与跨学科领域研究、计算机科学与工程专业等。七所学院中的四所提供本科教育。

斯坦福大学的创建正逢美国产业革命和高等教育改革之时，这使它的办学理念显示着务实、创业的精神。不同于常春藤学校，斯坦福大学始于科学与工程为核心的学术信誉，进而后来强调人文与社科方面的极致与优秀的培养。可以成为第一所原汁原味的美国顶尖大学。鲜明的办学宗旨，即"使所学的东西都对学生的生活直接有用，帮助他们取得成功。因此，它的目的是以整个人类的文明进步为最终利益"等。所以学校学生对于学习与实践，理论与创新有着深刻的理解与落实，积极寻找自主创业与实习经验。斯坦福大学基金雄厚，经费充足，教学设备也极为充裕与先进，为学生们提供了各种可能。学生绝大多数住在学校，宿舍选择多样。加入兄弟会、姊妹会的学生比例大约为 1/4。学校体育运动非常受欢迎。

五、华盛顿特区

【乔治城大学 Georgetown University】

地址：37th and O streets, NW, Washington DC 20057

网址：www.georgetown.edu

乔治城大学创建于 1789 年，世界顶尖高等学府，美国最古老的大学之一。乔治城大学位于美国首都华盛顿特区，距白宫西北面 3 公里左右。乔治城大学在政治学、国际关系学以及众多社会科学领域遥遥领先于其他学校，许多外国使节的子女在此念书，因而赋予了该大学很浓的国际色彩。学校拥有 7513 名本科生，师生比为 1：11。乔治城大学的国际关系研究被学界评为美国最佳，由于便利的地理位置优势，学生可以获得许多特别的机会及有价值的经验。乔治城大学与联邦政府的办公厅仅咫尺之隔，加之校友在相关业内的声望与影响力，实习机会丰富。毫无疑问，国际关系、外交历史、国际经济等专业十分火爆。此外比较受欢迎的专业还有管理、化学、哲学等。学校为未来领袖人才提供了博雅通才的课程体系，赋能学生全方位的准备。注重跨学科融合学习。超过半数学生居住在校园宿舍。体育活动以篮球为代表，校队享有极高声望。学生乘坐公共交通工具很方便游览华盛顿特区。体育场所、娱乐场所、购物中心、博物馆和旅游景点都是可通过公共交通到达的。其采用独立的申请系统在降低了录取率的同时，更筛选出了顶尖的学生。

【约翰斯·霍普金斯大学 Johns Hopkins University】

地址：3400 No. Charles St., Baltimore, MD 21218

网址：www.jhu.edu

约翰斯·霍普金斯大学，成立于 1876 年，是一所世界顶级的著名私立大学，美国第一所研究型大学。学校仿照柏林洪堡大学（现代大学之母）为代表的德国大学模式，是美国第一所以讨论班方式授课、第一所分专业录取本科生的大学，其理念和模式都对后来的美国大学产生了巨大的影响。学校鼓励学生研究，通过自己精湛的学识推动所追求的科学以及社会前进。

约翰斯·霍普金斯大学不仅拥有全球顶级的医学院、公共卫生学院、国际关系学院，其生物工程、空间科学、社会与人文科学，音乐艺术等领域的卓越成就也名扬世界。而在本科阶段的医学预科驰名全球。学校对于跨学科学习与合作教学方式大力推崇。约翰斯·霍普金斯大学拥有在读本科学生 6256 名，师生比例为 1∶7。其设置九所学院中的五所提供本科教育。约翰斯·霍普金斯大学不仅科学研究首屈一指，其体育竞赛方面的成绩也相当出色。全校共有 200 多个学生自己管理的俱乐部和协会。从骑自行车到管弦乐队，从橄榄球到摄影爱好，几乎年轻人的每种兴趣爱好都有一个相对应的团体组织。将近 1/4 的学生加入兄弟会或姊妹会。每年四月举行的春季嘉年华是约翰斯·霍普金斯大学的众多传统之一，也是巴尔的摩地区远近闻名的特色节目。巴尔的摩治安不是很理想，学校一直致力于给学生一个安全与舒适的校园环境。

【乔治·华盛顿大学 George Washington University】

地址：1918 F St., NW, Washington, DC 20052

网址：www.gwu.edu

乔治·华盛顿大学建于 1821 年，是美国著名的私立综合性大学。学校拥有 12484 名本科学生，师生比为 1∶13。学校位于美国首都华盛顿，比邻美国国务院、世界银行、国际货币基金组织，距白宫只有几个街区。该校自成立以来源源不绝地为白宫、国务院等政府机关，以及联合国、世界银行与国际货币基金等重要国际组织注入新血，也因此常被美国人称作"政治家的摇篮"。除了国际关系与公共关系以外，生物、计算机科学、金融、国际商务和媒体等专业也是很有优势，受到大家欢迎。大一学生需要修习英文写作的课程。类似核心课程的 GPAC 对于学生通识知识与能力储备培养发挥了重要作用。学校对于主动获取知识渴望自我发展的学生提供了荣誉课程项目，工程与应用科学学院也为这些同学提供了与教授进行研究的荣誉项目。乔治·华盛顿大学的学生学习生活条件非常优

越，可用资源也多得惊人。学校长期不间断投资于更新及翻新校内设施和楼房。学校的安全措施也是十分严密的。全校近 200 名警察 24 小时巡逻，校内情况及时通过校内邮件通知全校师生。同时为了学生的安全，校内设有免费校际的士，去往校园各个角落。乔治·华盛顿大学要求学生在大一至大三住在宿舍中，超过一半的学生在大四依旧选择住在宿舍里。学校提供不同的宿舍，房间设施齐备。学校为学生提供了相对自由的餐饮计划，学生可以选择相对适合自己生活方式的套餐。学校拥有超过 400 个学生组织与社团俱乐部。大约有 1/4 的学生加入兄弟会、姊妹会。学校是典型的政治领域学习与城市生活爱好者的梦想之地。

六、伊利诺伊州——芝加哥及周边

【芝加哥大学 University of Chicago】

地址：5801 S. Ellis Avenue, Chicago IL 60637

网址：www.uchicago.edu

芝加哥大学，简称"芝大"，建于 1890 年，位于伊利诺伊州五大湖旁芝加哥市，是世界顶尖私立研究型大学。芝加哥大学校园占位于海德公园，以哥特式建筑群落为主，堪称建筑经典。学校拥有 6734 名本科生，师生比 1：5。学校采用 quarter 制的学制校历。芝加哥大学以开放的精神，兼收并蓄地包容了德国洪堡与英国纽曼两种大学理念，建构了独特而卓越的组织、研究和教学理念。芝大的教育观念强调"宏观与实验"精神、注重对纯理论和大师经典学习研究的教学方法。教学中十分注重培养学生的独立思考精神和批判性思维，鼓励挑战权威，鼓励与众不同的思维方式和观点。学校以实现通识教育为目标，采取核心基础与专业课程分离的政策。对于刚进入大学的新生，在大一、大二时必须修完校方所指定的所有核心课程学分。芝大本科学院提供 50 个主修专业和 28 个辅修专业的理学学士和文学学士。学制四年，大致分为自然科学、生命科学、人文科学、社会科学和交叉学科五个方向。学校受欢迎与优势的课程与专业为经济学、英语、生物医学、政治学和心理学等。

芝加哥大学拥有 19 支校队，其中包括男子棒球、男女篮球、男女橄榄球等。大一学生要求居住在校园里，大约 50% 的高年级学生也会居住在校园里。学校有超过 400 个不同的学生组织，为学生们在兴趣爱好方面提供了很好的活动环境和发展空间。由于所在区域紧邻低收入的居民区，治安相对较差，学生校外活动需要注意安全。

【西北大学 Northwestern University 】

地址：1801 Hinman Ave., Evanston, IL 60204

网址：www.northwestern.edu

西北大学建立于 1851 年，坐落于美国伊利诺伊州东北部城市埃文斯顿，是一所驰名海内外的顶尖私立研究型大学。学校校园环境优美，距离芝加哥市区 30 分钟左右车程。地理位置优越，社区安全而舒适。在校学生本科生为 8327 名，师生比为 1：6。本科学制为 Quarter 制。学校拥有九所学院提供本科教育。最受欢迎的学院是新闻学院、工程学院和传媒学院。学校专业的良好口碑与所在社区的舒适便利，让很多学生攻读本科后继续留校深造。新闻传媒相关专业学生可以自行运作广播、刊物等媒体。学校适应潮流，鼓励推崇跨学科整合式学习与研究。尽管各本科学院对于学生通识学习有各自的要求，但是大同小异，都会要求毕业生在各主要基础领域修满课程。学校海外校区学习很受大家的欢迎。西北大学学生大多数寄宿在宿舍、主题宿舍或兄弟会和姊妹会的寓所里。学校拥有大量的学生社团与组织满足学生的各种兴趣与需求。学校全天 24 小时制的安保工作保证了学生的在校安全。

【伊利诺伊大学香槟分校 University of Illinois: Urbana-Champaign 】

地址：901 W. Illinois St., Urbana, IL 61801

网址：www.uiuc.edu

伊利诺伊大学香槟分校，也被称为 UIUC，建于 1867 年，位于伊利诺伊州双子城厄巴纳－香槟市，是一所著名的公立研究型大学。学校拥有 34120 名本科生，师生比 1：20。伊利诺伊大学香槟分校学科专业设置齐全，8 个本科学院共有近 200 个专业学科，其最好的学科是工科和商科。几乎各种工科专业位列全美前茅。农业经济、环境科学、会计、建筑和管理都是优势专业。

大学提供近 9000 个宿舍单位，有国际学生宿舍、单人房、男生及女生多人宿舍等，种类繁多，宿舍的申请采取先到先得的方式。一般学生都会进入到兄弟会、姊妹会。绝大多数学生从事校内体育活动。学校拥有超过 1600 所学生组织与社团。当地文化社会活动丰富。此外，伊利诺伊大学香槟分校是美国最美丽的大学校园之一。这里的气候多变，但是户外活动盛行，可从事慢跑、露营、烤肉、登山等活动。

【圣母大学 University of Notre Dame 】

地址：220 Main Bld., Notre Dame, IN 46556

网址：www.nd.edu

圣母大学建于 1842 年，位于美国印第安纳州南本德市，距离芝加哥市 160 公里，是一所私立天主教研究型大学。圣母大学校园标识鲜明，三幢建筑金顶主楼、圣心大教堂和外观绘有基督故事壁画的海斯伯格图书馆尤为引人注目，闻名于世。学生主要来自于罗马天主教信仰者。学校注重本科精英式教育，拥有 8731 名的本科生，师生比为 1：10。圣母大学设有六个本科学院：文学院、理学院、工学院、建筑学院、门多萨商学院和基奥全球事务学院。圣母大学设有数十个学科专业，涉及领域较广，大部分专业具有很强的科研学术实力。人文如哲学、神学、英语和历史，社科如心理学、政治学和社会学，理科如数学、物理和化学，工科如计算机科学是优势学科。会计学也是全美的顶尖专业。70% 的学生会选择海外学习。圣母大学意在培养学生的社会服务意识与社会责任感，鼓励学生关心社会和服务社会。80% 的学生在校期间都曾参与各种形式的社区服务活动，7% 的毕业生会志愿到美国或全世界较为贫瘠的地方义工一年甚至多年，这使圣母大学的学生获得美国各界的认可并享有盛誉。80% 的学生住校，许多学生大一到大四会选择在同一所宿舍中，结交朋友。学校没有兄弟会和姊妹会，宿舍也成为学生社交活动中心。校园气氛和谐，团结友爱。庞大的圆形体育馆可容纳 8 万名观众，还有专门可供比赛用的高尔夫球场。而该校学生对于橄榄球的热爱是任何一所学校不能比拟的。圣母大学拥有全美最大的校友网络，有 250 多个校友俱乐部，近 20 万校友遍布全球。大学设有专门机构，帮助历届毕业生建立起联系。圣母大学每年为中国申请者提供"大中华"荣誉奖学金，择优录取，帮助优秀学生就读。

七、其他州热门学校

【杜克大学 Duke University】

地址：2138 Campus Dr. Durham, NC 27708

网址：www.duke.edu

杜克大学，建于 1838 年，坐落于美国北卡罗来纳州的达勒姆，是美国南部最好的私立大学，也是全美最优秀的大学之一。学校虽然历史较短，但无论是教学质量还是学术水平都能与常春藤名校相抗衡。在校本科学生 6649 名，师生比为 1：6。学校是少有的将高水准学术水平与体育竞技水平有机融合的顶尖学校之一。杜克大学工程学院、文理学院每年吸引无数精英学子前来修学。杜克大学本科生课程最好的学科为政治学、心理、公共政策、经济、历史和化学，工程系也很不错，特别是电子工程和生物医学工程更为其强项。几乎半数学生在海外参加过学习。绝大多数学生居住在主题宿舍中，环境舒适。大约 30% 的学生加入 40 多个兄弟会、姊妹会。如果成为杜克的一员，杜克会邀请你把脸涂成蓝色，为杜克男篮队加油助威。杜克体育异常出色，是美国私立名校的代表。北卡教堂山是老对手，但很多方面也是合作伙伴。

杜克的众多职业发展项目可以帮毕业生找到理想的工作，或者进一步深造。离校后，学生可以通过四十多个国际校友会与其他杜克毕业生社交联络。学生需要在学校至少居住 3 年。新生居住在东部校园。学校处于北卡的"三角研究园区"附近，实习以及求职机会充足。

【密歇根大学安娜堡分校 University of Michigan, Ann Arbor】

地址：515 E. Jefferson St., Ann Arbor, MI 48109

网址：www.umich.edu

密歇根大学安娜堡分校建于 1817 年，是密歇根大学系统的旗舰校区，因此通常"密歇根大学"就指"密歇根大学安娜堡分校"。学校有 31266 名本科学生，师生比为 1：15。学校为本科生可供选修的课程达到 15000 多门。学校希望将公立大学的广泛资源与机会与个性化学生关注有效整合。600 多个学位项目包括超过 200 多门本科专业与个性化专题研究提供给学生。而学校历史悠久的荣誉项目则是全美最好的。学生可以参加本科学生研究机会项目，与志同道合的同学与教授进行专项研究。学校最受欢迎的专业是心理学、商科、政治学、工程和英语。学校的宿舍丰富充裕。校园有超过 1500 个学生组织与社团，62 个兄弟会、姊妹会。全校学生对于橄榄球的痴迷不亚于圣母大学。主要竞技对手是俄亥俄州立大学。安娜堡城市自然环境优美，各种商店、餐馆、艺术馆等遍布，是一个典型的大学城，在全美最适宜居住的城市中排名第七，距离美国著名的汽车城底特律四十五分钟的路程。但是，安娜堡的环境和治安状况与底特律形成鲜明对比。

【埃默里大学 Emory University】

地址：201 Dowman Drive, Atlanta, GA 30322

网址：www.emory.edu

埃默里大学建于 1836 年，坐落在美国南方最繁华的都市之一——亚特兰大，是美国小班制本科精英教育典范。学校拥有 7118 名本科生，师生比例为 1：7。9 所学院中的 4 所提供本科教育。埃默里大学的教学特点是崇尚小班授课，与教授的交流更为紧密。埃默里大学 80% 的课上学生人数少于 20 人，师生关系融洽与紧密。学生们倾向攻读医学预科、商科、生物、心理学，以及政治科学和英语专业。大一新生需要参加 PACE 的项目，届时学校教员、学生领袖会来帮助学生了解学校的方方面面。学校可以为学生提供很多的国际交流经验，2/5 的本科生有机会出国留学。埃默里与邻居佐治亚理工

学院拥有双学位合作项目。亚特兰大作为国际大都市，为埃默里大学的发展做出了重要贡献。该校充分利用地域与周边 CNN、可口可乐公司等国际化大公司企业优势，学生找实习机会非常容易。

埃默里的大学校园十分漂亮，校园内拥有一个国家级自然保护区，风景秀丽，气候宜人。学校要求大一和大二的学生必须住校。有些高年级学生租住市中心或学校周边公寓。一半多的学生加入兄弟会和姊妹会。体育风气盛行，每个学生需要选修两门体育课程。校园活动丰富多彩，不会让人感到枯燥单调。学校强调社会服务意识。

【佐治亚理工学院 Georgia Institute of Technology】

地址：225 No. Ave. NW, Atlanta, GA 303332

网址：www.gatech.edu

创建于 1885 年的佐治亚理工学院，坐落于美国佐治亚州亚特兰大，是一所世界顶尖研究型公立大学。佐治亚理工学院拥有顶尖的学术声誉，其代表学科是工程。佐治亚理工学院在校学生共约 15964 名，师生比例为 1∶21。大多数学子都是未来的工程师、科学家、计算机科学家和建筑师。优势专业主要在工程方面，如电机工程、计算机工程、机械工程、化学工程、核工程等。由于学校课程多数需要电脑，学校要求学生自配电脑。佐治亚理工学院的学生学习刻苦。学校的建筑专业对于历史建筑的保存与节约能源的研究处于国际领先地位。该学校的管理专业也是蓬勃发展，受人瞩目。校研究中心负责了政府与企业的研究项目。将近一半学生住在校内宿舍。1/4 左右的学生加入兄弟会。亚特兰大被誉为"新南方之都"，经济多元，上百家大公司总部设在这里，包括可口可乐、家得宝、达美航空、假日酒店等，为学生提供了充足的实习机会。由于地段的关系，学校安保部门 24 小时巡逻以确保安全。入夜后学校提供免费的点到点接送服务，但是只限于校内及学校周边地区。

【莱斯大学 Rice University】

地址：6100 Main Street, Houston, TX 77005

网址：www.rice.edu

莱斯大学位于美国第四大城市——得克萨斯州休斯敦的市郊。建于 1912 年，为美国南方最高学府，是一所世界著名的顶尖私立研究型大学。学校拥有 3989 名的本科学生，师生比例为 1∶6。莱斯大学采用小班制教学，师生之间的关系融洽，师生互动好，充满活力。优秀的学术水准，在全美名列前茅。在莱斯大学众多的科系当中，建

筑系是全美最好的。物理、英语、历史、考古学非常受学生们欢迎。工程、医学预科的录取率极低，竞争激烈。莱斯大学鼓励学生们选双专业，甚至三专业。莱斯大学的校园生活十分的轻松自然，但是学业压力极大。学校采用 Honor Code，学生学习与测评自觉性强。因为靠近休斯敦市，休闲活动丰富多彩。在课外活动方面，因为创始人莱斯先生不赞成校园内有太多的"精英倾向"，因此兄弟会、姐妹会这类组织都被禁止。学生社交的中心是校园内的 11 个住宿制学院，学生间关系亲密，对自己的学院认同感很强。校园因为住房不够，每年有 25% 的学生在校外较为便宜的地区自己解决住宿问题。

【范德堡大学 Vanderbilt University】

地址：2301 Vanderbilt Place, Nashville, TN 37240

网址：www.vanderbilt.edu

范德堡大学，是位于美国田纳西州纳什维尔市的一所享誉世界的私立研究型大学。学校创立于 1873 年。校园内风景优美，曾被评为全美"最美丽校园"。学校有 6886 名本科生，师生比为 1：7。学校拥有 4 所学院，包括艺术与科学学院、工程学院、音乐学院、教育与人类发展学院，均提供本科教育。课堂大多为小班化教学，有 65% 的课堂人数小于 20 人。学校设置一系列核心课程。所有学生都需要在艺术与科学学院完成本科阶段的通识教育。学校强调人文教育。不管新生入学时选择什么专业，学校要求大一新生必须参加大一写作课程。该课程以小组讨论的形式，课程目的在于培养学生的创新性思考和有效写作的能力。学校有诸多著名的预科项目。最著名的是医学预科与法律预科。音乐、英语、教育和工程课程实力强，而心理和社会学也同样受欢迎。范德堡大学为本科生提供诸多本科生研究项目、实习项目、暑期项目、海外项目。学校拥有多达 300 所俱乐部，超过 40% 的学生加入兄弟会与姊妹会。学生要求居住在校园。学校体育运动流行。学校社交活动丰富多彩，各种文艺表演经常举行。学校同时也保留了一些美国南方文化传统的痕迹。学校所在城市号称"音乐之都"，周边餐饮、娱乐、购物场所林立，生活舒适方便。

【北卡罗来纳大学教堂山分校 University of North Carolina of Chapel Hill】

地址：CB 2200, Jackson Hall, Chapel Hill, NC 27599

网址：www.unc.edu

北卡罗来纳大学教堂山分校简称 UNC，创建于 1789 年，是世界顶级研究型大学，美国历史上第一所公立大学。校园里树木草坪鲜花覆盖，非常美丽。学校有 19355 名本科学生，师生比为 1：13。每年新生有 82% 来自于北卡州。学校提供

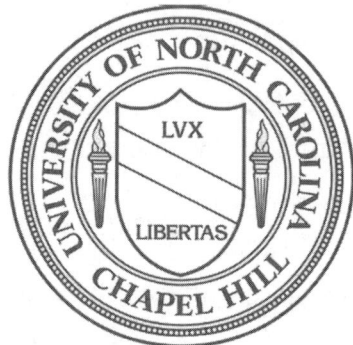

超过 70 个本科学历项目。学校建有设施齐全的现代教学大楼，校舍配套设施齐全，拥有配备现代化器材的研究室、免费开放的体育馆及医院等，该校图书馆是北美最大的科研图书馆之一，藏书四百万册，使教师和学生能够获得非常庞大的学习资源。学校的新闻专业和大众传媒专业最为火爆。同时，社会学、哲学、商科、生物、化学、政治、古典学也都是优势。学校临近北卡"三角科技园地带"，实习与研究机会较丰富。

教堂山分校共有 32 座宿舍楼，被分为 13 个居住区，每一个居住区里都有管理人员和助教常驻，帮助同学们解决学习和生活上的困难。学校的住宿区主要分为南北两大部分，中部也有少量宿舍。学校有 1/5 的学生加入兄弟会和姊妹会。学生们热爱体育运动，篮球兴盛，每次比赛都会吸引无数人呐喊助威，毕竟无数 NBA 明星包括迈克尔·乔丹来自这所学校。所在的教堂山是北美广为认可的大学城之一，餐馆、音乐娱乐和购物场所遍布，生活方便舒适。

【明尼苏达大学双城校区 University of Minnesota Twin Cities】

地址：100 Church Street SE, Minneapolis, MN 55455

网址：https://twin-cities.umn.edu/

明尼苏达大学双城校区建校于 1851 年，是全美国最有声望的公立研究型大学之一，被誉为"公立常春藤"。学校位于美国明尼苏达州明尼阿波利斯市与圣保罗市。学校拥有 35165 名本科学生。师生比为 1：17。明尼苏达大学双城分校为本科生设置了 161 个专业。理工和化工一直以来都是明尼苏达大学的传统强势专业。学校重视本科教育的学术研究，甚至有的申请者在收到录取通知时就已经被承诺拥有研究的机会。本科研究项目的学生会得到相应的补贴。通过北美学生交换项目，学生可以在北美 200 所大学进行交换学习，也可以参加海外学习项目。学校保证为学生在四年内按时修完课程及时获得学位提供各种可能与课程设置。如果不能兑现，学校会为学生支付修额外学分所需费用。学校不要求学生必须在学校住宿，但是多数学生会选择校园住宿。学校拥有超过 600 个学生社团与组织，30 多个兄弟会和姊妹会。双城不仅连续多年被评为全美生活环境最佳及最安全地区，还是全国商业、食品加工、医疗、科技、传媒及表演艺术的中心，拥有多家国际性大公司，包括美国西北航空公司、3M 公司等，实习与工作机会充足。明尼苏达州气温较低，这里的冬天会从 10 月开始一直到来年 4 月，学生需要做好准备。

【弗吉尼亚大学 University of Virginia】

地址：1210 Lee St, Charlottesville, VA 22908

网址：www.virginia.edu

弗吉尼亚大学，简称 UVA，是世界最著名、美国最顶尖公立

大学之一，在学术界享有盛誉。大学拥有 17011 名本科学生，师生比 1∶15。70% 的学生来自弗吉尼亚州。学校的优势专业为英语、国际事务、历史、经济、管理、心理和商科等。此外学校在本科开设了建筑学。学校的 Honor 系统历史悠久且严格，如有违反，处罚严厉。弗吉尼亚大学要求大一新生必须住校，可供新生选择 的住宿有两种：一种是学校的宿舍区；另一种是住宿学院，是一种不同专业、不同年级的同学混住的住宿形式。学校有 35% 的学生加入了兄弟会与姊妹会。弗吉尼亚大学体育运动的种类繁多，包括篮球、足球、高尔夫、橄榄球、游泳等，极大地满足了学生对于运动的需要。校园内的生活设施无可挑剔，餐厅、宿舍、健身娱乐场所、书店等设施建设完备，为学生提供舒适的学习和生活环境。

【威斯康星大学麦迪逊分校 University of Wisconsin-Madison 】

地址： 500 Lincoln Drive, Madison, WI 53706

网址： www.wisc.edu

威斯康星大学麦迪逊分校，建于 1848 年。威斯康星大学是一个由多所州立大学构成的大学系统，即"威斯康星大学系统"，麦迪逊分校则是威斯康星大学系统的中心与典范。学校拥有 33456 本科学生，师生比为 1∶17。威斯康星大学学风严谨，对学生的要求甚严，学生之间在学习上的竞争相当激烈，图书馆常常是满座状况。该校特别注重学术研究，学术气氛非常浓厚。至少 70 门学术项目在业内可以比肩全美前十。该校不论是在研究设施和设备等硬件方面，还是在教学、师资、科研成果等软件方面，都处于美国大学前列。最强专业有教育、农业、传媒、生物科学、社会研究等，最受欢迎的为生物、政治科学、心理、历史、经济等。而有些专业由于过于火爆，比如工程和商科，对于选学的学生 GPA 成绩有很高的要求。

校区有便捷的体育运动设施，方便同学在任何时候锻炼身体。学校拥有将近 900 个学生社团与组织，兄弟会和姊妹会非常流行。校园生活丰富多彩。尽管大一新生不要求住校，但是很多人还是选择利用学校的便利设施，与教授和同学交流学习。学校同时强调社会公共服务，认为教育可以改变与提升人们的生活质量和水平。每年大学都会在曼多塔湖举办各项运动竞赛，也有不少学生在湖畔进行社团活动或是小团体的聚会。

【华盛顿大学 University of Washington 】

地址： 1410 NE Campus Parkway, Seattle, WA 98195

网址： www.washington.edu

华盛顿大学建于 1861 年，位于美国西海岸西雅图，是世界著名的顶尖研究型大学。华盛顿大学拥有顶尖的学术地位和国际声誉，而且公立大学的收费标准非常吸引人。西雅图的宜居与便利地理优势，华盛顿大学一直是国际学生留学竞争激烈的热点。华盛顿大学几乎所有主校园的建筑物都以哥特式建筑、哥特式风格为主题，中央广场 Red Square 铺满红砖。可以远眺瑞尼尔山的美景。学校有 32046 名本科生，师生比为 1∶19。华盛顿大学采用季度制（Quarter），每个季度（三个月）一个学期，每年四个学期，暑期也有部分学生上课。各学季间有一至两周假期，课程繁重密集，极具挑战性。作为前沿领域研究的著名学府，学校每年会从联邦获得大量的投入，承办本科研究论坛与峰会，让学生呈现研究成果。学校各个学院都很强，其中商科、计算机科学、生物工程、海洋学很受欢迎。喜欢文科的同学可以选学英语、心理和戏剧专业。学校荣誉项目为渴望小班学习、追逐个人研究项目以及紧密与大学教授交流的学生提供了可能。学生可以选择多元跨学科或某个系内的荣誉课程。第一个荣誉项目申请可以在申请大学时或大一结束时，第二个则要在学生选定专业后。尽管学校不要求学生必须住校，大多数学生仍住在学校宿舍里。学校也提倡节能与环保。学校拥有超过 800 个学生社团与俱乐部，兄弟会和姊妹会也比较普遍。

西雅图是拥有 340 万人口的世界著名大都市，航空、陆路、海上交通非常发达。华盛顿大学拥有全方位的显著优势，低廉的机票价格，不用转机，节省路途和旅行时间，大城市生活品质高、便利和多姿多彩。

【圣路易斯华盛顿大学 Washington University in St. Louis】

地址：1 Brookings Drive, St. Louis, MO 63130

网址：www.wustl.edu

圣路易斯华盛顿大学建于 1853 年，是一所中等规模的闻名海内外的私立研究型大学。在校生本科生为 7822 人，师生比为 1∶7。作为一所研究型大学，圣路易斯华盛顿大学强调教师在教学同时，必须有足够的时间和精力用于科研。圣路易斯华盛顿大学一直强调吸引世界顶尖人才，想方设法把国内外著名学者招至本校。圣路易斯华盛顿大学鼓励教职工出研究成果。圣路易斯华盛顿大学的本科教育共设有五个学院，分别为文理学院、建筑设计学院、艺术学院、工程与应用科学学院以及商学院。在那里就读的本科生除了花大部分时间攻读自己专业课程之外，还跨学院选修其他学院的课程。超过 60% 的学生选修多门专业。学校的医学预科、生物和化学最强。

对于大一学生，学校一般安排住在校园里的寄宿学院里，通过集体生活和集体活动，让师生之间和学生之间建立起彼此信任与相互帮助的有效社区群体。

圣路易斯华盛顿大学的校园生活相当丰富。学校共有学生团体 400 个，社会活动中心 50 多个。它们一年四季活跃在校园里，为严肃而紧张的学习生活注入新鲜和活泼的气息。学校兄弟会和姊妹会影响很大，大约 35% 的学生参与其间。学校强调对于社区的服务，Each One Teach One（校园公益组织）与城市其他学校保持合作。

圣路易斯华盛顿大学的体育设施完备齐全，学校里体育活动开展得十分活跃，每年全校有 75% 以上的人参加校内的体育比赛。

学校免费提供往返圣路易斯市的穿梭巴士，以便让学生享受大城市的便利同时珍惜学校社区的舒适与惬意。

【卡内基·梅隆大学 Carnegie Mellon University】

地址：5000 Forbes Avenue, Pittsburgh, PA 15213

网址：www.cmu.edu

卡内基·梅隆大学，坐落在美国宾夕法尼亚州的匹兹堡，是一所拥有 7022 名本科生的世界著名学府，师生比例为 1：13。学校拥有享誉全球的计算机专业和戏剧音乐专业，其艺术学院、商学院、工程院以及公共管理学院所设置项目与专业等也都在全美名列前茅。学校一直努力为学生提供技术与通识教育融合的全人教育。当然这需要学生的全身心努力，回报也是令人振奋的。全校 7 个学院中的 6 所提供本科教育。尽管各学院招生录取政策不同，但是教学中心与重点却是相同的，就是"通识与专业"教育的整合。

卡内基·梅隆大学有享誉全美的认知心理学、管理和公共关系学、写作和修辞学、应用历史学、哲学和生物科学专业。它的计算机、机器人科学、理学、美术及工业管理都是举世公认的一流专业，特别是计算机专业，与麻省理工学院、斯坦福大学和加州大学伯克利分校并列全美榜首，软件工程专业更是遥遥领先于其他名校。本科学生有机会参与科研项目学习，并会在暑期获得补助来完成学术研究。

学校建筑风格特点鲜明，黄色砖墙，绿色铜顶。大一新生要求住校，不过学校提供四年的住宿，因此大多数学生选择留在校园。大约有 1/5 的学生加入兄弟会和姊妹会。学校内部活动主要是音乐、戏剧等艺术形式，经常与匹兹堡大学进行交流和竞赛。城市为学生的多元生活提供了无穷的资源。

【罗彻斯特大学 University of Rochester】

地址：Wilson Boulevard, Rochester, NY 14627

网址：www.rochester.edu

罗彻斯特大学始建于 1850 年，是一所世界闻名的私立研究型大学。该校一直为成为"小而精"全美顶尖研究型大学而努力。River Campus 是整个学校的学术以及行政中心。学校风格以乔治王殖民时期为特色。学校有 678 名本科学生，

师生比为 1：10。学校采用开放课程体系，自由与灵活性地选课，吸引了无数申请者。学校提供特殊的 Take Five Scholars 项目，可以免费为学生提供额外的学期或学年学习，以便学生修学本专业之外感兴趣的课程与项目。学校拥有全美历史最悠久的光学专业。而学校最具优势的专业是生物医学工程、医学预科、大脑和视觉研究。经济学和心理学很受大家的欢迎。此外还有音乐，著名伊斯曼音乐学院拥有 20 多个合唱团，伊斯曼学院经常组织一些音乐演出，供学生欣赏。学院有自己单独的校区，其坐落在罗彻斯特市城区。该校区有学生住宿区、教室、演奏以及表演设施与伊斯曼剧院。在 River Campus 的学生也可以免费选修伊斯曼学院的音乐课程。

学校有体育场与体育馆，体育馆内有游泳池与各式球场。不只师资一流，大学设备也足以和任何顶级大学媲美，甚至宿舍、学生中心和体育中心的各项设施，都为人称道。学校拥有 1/4 的学生来自全球 120 多个国家与地区。因此学校创造了极为包容与多元的环境。校内有超过 250 个学生社团与组织，学校有 1/4 的学生加入兄弟会和姊妹会。校内活动和派对由学生会和宿舍主办。大部分学生住在学校宿舍。学校宿舍均备有免费暖气。

附录Ⅲ 2021 年 US NEWS 美国综合性大学排名前 80 名

排名	英文名	中文名	学费	学生人数	2019 年录取率	新生保留率	6 年内毕业率
1	Princeton University Princeton, NJ	普林斯顿大学	$53,890	8,419	6.00%	98%	97%
2	Harvard University Cambridge, MA	哈佛大学	$54,002	21,015	5.00%	97%	97%
3	Columbia University New York, NY	哥伦比亚大学	$64,380	24,408	5.00%	99%	95%
4	Massachusetts Institute of Technology Cambridge, MA	麻省理工学院	$53,818	11,520	7.00%	99%	94%
4	Yale University New Haven, CT	耶鲁大学	$57,700	13,609	6.00%	99%	97%
6	Stanford University Stanford, CA	斯坦福大学	$56,169	17,249	4.00%	99%	94%

排名	英文名	中文名	学费	学生人数	2019年录取率	新生保留率	6年内毕业率
6	University of Chicago Chicago, IL	芝加哥大学	$59,298	17,004	6.00%	99%	94%
8	University of Pennsylvania Philadelphia, PA	宾夕法尼亚大学	$60,042	22,432	8.00%	98%	96%
9	California Institute of Technology Pasadena, CA	加州理工学院	$56,862	2,237	6.00%	98%	92%
9	Johns Hopkins University Baltimore, MD	约翰斯·霍普金斯大学	$57,010	27,092	10.00%	98%	93%
9	Northwestern University Evanston, IL	西北大学	$58,701	21,946	9.00%	98%	94%
12	Duke University Durham, NC	杜克大学	$60,488	16,766	8.00%	98%	95%
13	Dartmouth College Hanover, NH	达特茅斯学院	$59,458	6,608	8.00%	97%	96%
14	Brown University Providence, RI	布朗大学	$60,696	10,333	7.00%	98%	96%
14	Vanderbilt University Nashville, TN	范德堡大学	$54,158	13,131	10.00%	97%	93%
16	Rice University Houston, TX	莱斯大学	$51,107	7,282	9.00%	97%	93%
16	Washington University in St. Louis St. Louis, MO	圣路易斯华盛顿大学	$57,386	16,191	14.00%	97%	95%
18	Cornell University Ithaca, NY	康奈尔大学	$59,316	24,027	11.00%	97%	94%
19	University of Notre Dame Notre Dame, IN	圣母大学	$57,699	12,681	18.00%	98%	95%
20	University of California–Los Angeles Los Angeles, CA	加州大学洛杉矶分校	州内：$13.226 州外：$42.980	45,742	12.00%	97%	91%
21	Emory University Atlanta, GA	埃默里大学	$53,868	14,417	16.00%	94%	91%

排名	英文名	中文名	学费	学生人数	2019年录取率	新生保留率	6年内毕业率
22	University of California–Berkeley Berkeley, CA	加州大学伯克利分校	州内：$14,226 州外：$43,980	43,695	17.00%	97%	92%
23	Georgetown University Washington, DC	乔治城大学	$57,928	19,593	14.00%	96%	95%
24	University of Michigan–Ann Arbor Ann Arbor, MI	密歇根大学安娜堡分校	州内：$15,948 州外：$52,266	48,090	23.00%	97%	92%
24	University of Southern California Los Angeles, CA	南加州大学	$59,072	48,321	11.00%	96%	92%
26	Carnegie Mellon University Pittsburgh, PA	卡耐基·梅隆大学	$58,924	14,799	15.00%	97%	90%
26	University of Virginia Charlottesville, VA	弗吉尼亚大学	州内：$18,878 州外：$52,957	25,018	24.00%	97%	95%
28	University of North Carolina–Chapel Hill Chapel Hill, NC	北卡罗来纳大学	州内：$9,021 州外：$36,200	30,151	22.00%	97%	91%
28	Wake Forest University Winston-Salem, NC	维克森林大学	$57,760	8,495	30.00%	95%	88%
30	New York University New York, NY	纽约大学	$54,880	52,885	16.00%	94%	85%
30	Tufts University Medford, MA	塔夫茨大学	$60,862	11,878	15.00%	96%	93%
30	University of California–Santa Barbara Santa Barbara, CA	加州大学圣巴巴拉分校	州内：$14,391 州外：$44,145	26,314	30.00%	93%	83%
30	University of Florida Gainesville, FL	佛罗里达大学	州内：$6,380, 州外：$28,658	52,407	37.00%	97%	88%
34	University of Rochester Rochester, NY	罗彻斯特大学	$58,208	12,233	30.00%	96%	86%
35	Boston College Chestnut Hill, MA	波士顿学院	$60,202	14,171	27.00%	95%	93%

排名	英文名	中文名	学费	学生人数	2019年录取率	新生保留率	6年内毕业率
35	Georgia Institute of Technology Atlanta, GA	佐治亚理工学院	州内：$12,682 州外：$33,794	36,127	23.00%	97%	87%
35	University of California–Irvine Irvine, CA	加州大学欧文分校	州内：$13,932 州外：$43,686	36,908	27.00%	93%	85%
35	University of California–San Diego La Jolla, CA	加州大学圣地亚哥分校	州内：$14,451 州外：$44,205	38,396	32.00%	94%	86%
39	University of California–Davis Davis, CA	加州大学戴维斯分校	州内：$14,653 州外：$44,407	38,634	39.00%	93%	86%
39	College of William and Mary Williamsburg, VA	威廉玛丽学院	州内：$23,362 州外：$46,283	8,773	38.00%	95%	91%
41	Tulane University New Orleans, LA	杜兰大学	$58,852	11,913	13.00%	93%	84%
42	Boston University Boston, MA	波士顿大学	$58,072	33,720	19.00%	94%	86%
42	Brandeis University Waltham, MA	布兰迪斯大学	$57,615	5,825	30.00%	93%	89%
42	Case Western Reserve University Cleveland, OH	凯斯西储大学	$52,948	11,874	27.00%	93%	84%
42	University of Texas–Austin Austin, TX	德克萨斯大学奥斯汀分校	州内：$11,106 州外：$39,322	51,090	32.00%	95%	83%
42	University of Wisconsin–Madison Madison, WI	威斯康辛大学麦迪逊分校	州内：$10,741 州外：$38,629	45,317	54.00%	95%	87%
47	University of Georgia Athens, GA	佐治亚大学	州内：$12,080 州外：$31,120	38,920	46.00%	96%	85%
47	University of Illinois–Urbana-Champaign Champaign, IL	伊利诺伊大学香槟分校	州内：$16,862 州外：$34,312	51,605	59.00%	93%	85%

排名	英文名	中文名	学费	学生人数	2019 年录取率	新生保留率	6 年内毕业率
49	Lehigh University Bethlehem, PA	里海大学	$55,260	6,953	32.00%	95%	88%
49	Northeastern University Boston, MA	东北大学	$55,382	22,207	18.00%	97%	88%
49	Pepperdine University Malibu, CA	佩珀代因大学	$58,002	8,824	32.00%	91%	85%
49	University of Miami Coral Gables, FL	迈阿密大学	$53,682	17,811	27.00%	92%	83%
53	Ohio State University–Columbus Columbus, OH	俄亥俄州立大学	州内：$11,517 州外：$33,501	61,391	54.00%	94%	84%
53	Purdue University– West Lafayette West Lafayette, IN	普渡大学西拉法叶校区	州内：$9,992 州外：$28,794	44,551	60.00%	92%	80%
53	Rensselaer Polytechnic Institute Troy, NY	伦斯勒理工学院	$57,012	7,617	47.00%	93%	84%
53	Santa Clara University Santa Clara.CA	圣塔克拉拉大学	$55,629	8,669	49.00%	95%	90%
53	Villanova University Villanova, PA	维诺拉瓦大学	$57,710	10,848	28.00%	96%	90%
58	Florida State University Tallahassee, FL	佛罗里达州立大学	州内：$6,507 州外：$21,673	42,450	37.00%	93%	82%
58	Syracuse University Syracuse, NY	雪城大学	$55,926	22,850	44.00%	91%	83%
58	University of Maryland–College Park College Park, MD	马里兰大学帕克分校	州内：$10,778 州外：$36,890	40,743	44.00%	95%	86%
58	University of Pittsburgh Pittsburgh, PA	匹兹堡大学	州内：$19,678 州外：$33,706	28,391	59.00%	93%	82%
58	University of Washington Seattle, WA	华盛顿大学（西雅图）	州内：$12,092 州外：$39,461	47,554	52.00%	94%	84%
63	Pennsylvania State University– University Park University Park, PA	宾州州立大学帕克分校	州内：$18,450 州外：$35,514	47,223	49.00%	93%	86%

排名	英文名	中文名	学费	学生人数	2019年录取率	新生保留率	6年内毕业率
63	Rutgers, the State University of New Jersey– New Brunswick Piscataway, NJ	罗格斯大学	州内：$15,003 州外：$31,785	50,173	61.00%	93%	81%
63	University of Connecticut Storrs, CT	康涅狄格大学	州内：$17,834 州外：$40,502	27,280	49.00%	93%	84%
66	Fordham University New York, NY	福特汉姆大学	$55,788	16,972	46.00%	91%	81%
66	George Washington University Washington, DC	乔治·华盛顿大学	$58,640	27,814	41.00%	92%	82%
66	Loyola Marymount University Los Angeles, CA	洛约拉马利蒙特大学	$52,577	9,822	44.00%	90%	82%
66	Southern Methodist University Dallas, TX	南卫理公会大学	$58,540	11,824	47.00%	91%	80%
66	Texas A&M University– College Station College Station, TX	德州农工大学	州内：12,445 州外：$39,394	68,390	58.00%	92%	82%
66	University of Massachusetts– Amherst Amherst, MA	麻省大学	州内：$16.389 州外：$35,710	31,350	64.00%	91%	79%
66	University of Minnesota– Twin Cities Minneapolis, MN	明尼苏达双城大学	州内：$15,027 州外：$33,325	51,327	57.00%	93%	80%
66	Worcester Polytechnic Institute Worcester, MA	伍斯特理工学院	$53,826	6,894	49.00%	95%	88%
74	Clemson University Clemson, SC	克莱姆森大学	州内：$15,120 州外：$38,112	25,822	51.00%	93%	83%
74	Virginia Tech Blacksburg, VA	弗吉尼亚理工学院	州内：$13,749 州外：$32,893	36,383	70.00%	93%	85%

排名	英文名	中文名	学费	学生人数	2019年录取率	新生保留率	6年内毕业率
76	American University Washington, DC	美利坚大学	$51,335	14,318	36.00%	89%	80%
76	Baylor University Waco, TX	贝勒大学	$47,364	18,033	45.00%	89%	77%
76	Indiana University–Bloomington Bloomington, IN	印第安纳大学伯明顿分校	州内：$11,221 州外：$37,600	43,260	78.00%	91%	78%
76	Yeshiva University New York, NY	耶什华大学	$46,475	4,541	55.00%	91%	82%

附录Ⅳ 2021 年 US NEWS 美国文理学院排名前 80 名

排名	文理学院及地理位置	译名	学费	学生总数	2019 年秋季录取率	新生保留率	6 年内毕业率
1	Williams College Williamstown, MA	威廉姆斯学院	$50,760	2134	13.00%	98%	95%
2	Amherst College Amherst, MA	阿默斯特学院	$60,890	1839	11.00%	96%	94%
3	Swarthmore College Swarthmore, PA	斯沃斯莫尔学院	$54,656	1594	9.00%	98%	94%
4	Pomona College Claremont, CA	波莫纳学院	$54,774	1717	7.00%	97%	94%
4	Wellesley College Wellesley, MA	威尔斯利学院 （女校）	$58,448	2519	22.00%	96%	91%
6	Bowdoin College Brunswick, ME	鲍登学院	$56,350	1835	9.00%	97%	95%
6	Claremont McKenna College Claremont, CA	克拉蒙特·麦肯纳学院	$56,475	1346	10.00%	95%	92%
6	United States Naval Academy Annapolis, MD	美国海军学院	$0	4524	8.00%	97%	90%
9	Carleton College Northfield, MN	卡尔顿学院	$59,352	2119	19.00%	96%	93%
9	Hamilton College Clinton, NY	汉密尔顿学院	$58,510	1924	16.00%	95%	93%
9	Middlebury College Middlebury, VT	明德学院	$58,316	2657	15.00%	95%	93%

排名	文理学院及地理位置	译名	学费	学生总数	2019年秋季录取率	新生保留率	6年内毕业率
9	Washington and Lee University Lexington, VA	华盛顿与李大学	$57,285	2264	19.00%	96%	93%
13	Grinnell College Grinnell, IA	格林内尔学院	$56,680	1733	23.00%	94%	87%
13	Vassar College Poughkeepsie, NY	瓦萨学院	$60,930	2441	24.00%	96%	91%
15	Colby College Waterville, ME	科尔比学院	$59,430	2003	10.00%	94%	90%
15	Davidson College Davidson, NC	戴维森学院	$55,060	1837	18.00%	95%	92%
15	Haverford College Haverford, PA	哈弗福德学院	$58,900	1317	16.00%	97%	91%
15	Smith College Northampton, MA	史密斯学院（女校）	$56,114	2894	32.00%	94%	89%
15	United States Military Academy West Point, NY	西点军校	$0	4457	10.00%	96%	86%
20	Colgate University Hamilton, NY	科尔盖特大学	$60,015	2992	23.00%	94%	90%
20	Wesleyan University Middletown, CT	卫斯理大学	$59,386	3230	16.00%	96%	91%
22	Barnard College New York, NY	巴纳德学院（女校）	$57,668	2631	11.00%	95%	92%
22	Bates College Lewiston, ME	贝茨学院	$57,353	1820	12.00%	95%	90%
22	University of Richmond Univ. of Richmond, VA	里士满大学	$56,860	3914	28.00%	94%	88%

排名	文理学院及地理位置	译名	学费	学生总数	2019 年秋季录取率	新生保留率	6 年内毕业率
25	Colorado College Colorado Springs, CO	科罗拉多学院	$60,864	2124	14.00%	96%	87%
25	Harvey Mudd College Claremont, CA	哈维·姆德学院	$58,660	895	14.00%	98%	93%
27	Macalester College St. Paul, MN	麦卡利斯特学院	$58,478	2098	32.00%	94%	89%
28	Bryn Mawr College Bryn Mawr, PA	布尔茅尔学院 （女校）	$56,610	1719	33.00%	92%	84%
28	Kenyon College Gambier, OH	凯尼恩学院	$61,100	1747	34.00%	91%	89%
28	Scripps College Claremont, CA	斯克利普斯学院 （女校）	$59,400	1109	32.00%	92%	88%
28	Soka University of America Aliso Viejo，CA	创价大学	$33,962	419	40.00%	94%	91%
28	United States Air Force Academy USAF Academy, CO	美国空军学院	$0	4304	11.00%	95%	82%
33	Berea College Berea, KY	伯利亚学院	$692	1688	30.00%	83%	65%
34	Bucknell University Lewisburg, PA	巴克内尔大学	$58,202	3697	34.00%	93%	89%
34	Mount Holyoke College South Hadley, MA	曼荷莲学院 （女校）	$54,618	2300	38.00%	92%	84%
36	College of the Holy Cross Worcester, MA	圣十字学院	$56,520	3174	34.00%	95%	92%
36	Oberlin College Oberlin, OH	奥伯林学院	$58,504	2863	36.00%	90%	86%
36	Pitzer College Claremont, CA	匹泽学院	$55,878	1119	14.00%	93%	85%

排名	文理学院及地理位置	译名	学费	学生总数	2019年秋季录取率	新生保留率	6年内毕业率
36	Skidmore College Saratoga Springs, NY	斯基德莫尔学院	$58,128	2663	30.00%	92%	88%
40	Lafayette College Easton, PA	拉法耶学院	$57,052	2662	31.00%	94%	89%
40	Occidental College Los Angeles, CA	西方学院	$56,576	2081	37.00%	91%	84%
40	Thomas Aquinas College Santa Paula, CA	托马斯阿奎那斯学院	$26,000	439	79.00%	92%	83%
43	Franklin and Marshall College Lancaster, PA	富兰克林马歇尔学院	$61,062	2315	30.00%	91%	85%
44	Denison University Granville, OH	丹尼森大学	$56,680	2293	29.00%	90%	84%
44	Trinity College Hartford, CT	圣三一学院	$58,620	2234	33.00%	90%	83%
44	Union College Schenectady, NY	联合学院	$59,427	2189	43.00%	93%	86%
47	DePauw University Greencastle, IN	迪堡大学	$53,684	1972	63.00%	90%	84%
47	Dickinson College Carlisle, PA	迪金森学院	$56,498	2133	40.00%	90%	84%
47	Sewanee–University of the South Sewanee, TN	西沃恩南方大学	$47,980	1768	67.00%	88%	81%
47	Whitman College Walla Walla, WA	惠特曼学院	$53,820	N/A	50.00%	93%	88%
51	Connecticut College New London, CT	康涅狄格学院	$59,025	1861	37.00%	90%	84%

排名	文理学院及地理位置	译名	学费	学生总数	2019年秋季录取率	新生保留率	6年内毕业率
52	Centre College Danville, KY	森特学院	$44,300	1411	76.00%	91%	83%
52	Furman University Greenville, SC	傅尔曼大学	$52,092	2827	57.00%	91%	82%
54	Bard College Annandale on Hudson, NY	巴德学院	$56,036	2285	65.00%	85%	76%
54	Gettysburg College Gettysburg, PA	葛底斯堡学院	$58,505	2372	48.00%	91%	84%
54	Hillsdale College Hillsdale, MI	希尔斯代尔学院	$29,482	1526	36.00%	93%	85%
54	Rhodes College Memphis, TN	罗德学院	$50,910	2010	45.00%	92%	82%
54	Spelman College Atlanta, GA	史贝尔曼学院	$29,972	2120	43.00%	90%	75%
54	St. Lawrence University Canton, NY	圣劳伦斯大学	$58,750	2434	42.00%	90%	84%
54	Wabash College Crawfordsville, IN	瓦伯西学院 （男校）	$45,850	867	64.00%	89%	74%
61	Agnes Scott College Decatur, GA	阿格尼斯·斯科特学院	$44,250	1067	65.00%	84%	70%
61	Wheaton College Wheaton, IL	惠顿学院（伊利诺伊）	$39,100	3004	85.00%	93%	89%
63	Lawrence University Appleton, WI	劳伦斯大学	$50,985	1445	62.00%	88%	80%
63	Reed College Portland, OR	里德学院	$58,440	N/A	35.00%	88%	80%
63	Sarah Lawrence College Bronxville, NY	萨拉劳伦斯大学	$57,520	1670	53.00%	84%	78%

排名	文理学院及地理位置	译名	学费	学生总数	2019年秋季录取率	新生保留率	6年内毕业率
63	St. John's College Annopolis, MD	圣约翰学院	$35,935	542	60.00%	85%	72%
67	Kalamazoo College Kalamazoo, MI	卡拉马祖学院	$52,380	1286	76.00%	89%	83%
67	St. Olaf College Northfield, MN	圣奥雷夫学院	$51,450	3072	48.00%	92%	87%
69	College of Wooster Wooster, OH	伍斯特学院	$54,000	1947	55.00%	87%	76%
69	Virginia Military Institute Lexington, VA	弗吉尼亚军事学院	州内：$19,118 州外：$45,962	1698	60.00%	86%	78%
69	Wofford College Spartanburg, SC	沃福德学院	$47,650	1667	60.00%	89%	82%
72	Hobart and William Smith Colleges Geneva, NY	霍巴特和威廉·史密斯学院	$58,630	2070	66.00%	86%	78%
72	Knox College Galesburg, IL	诺克斯学院	$49,974	1258	68.00%	84%	76%
72	Muhlenberg College Allentown, PA	穆伦堡学院	$56,665	2251	66.00%	90%	84%
72	Willamette University Salem, OR	威拉姆特大学	$53,624	2156	78.00%	85%	74%
76	Bennington College Bennington, VT	本宁顿学院	$58,124	830	61.00%	79%	72%
76	Cornell College Mount Vernon, IA	康奈尔学院	$45,914	1020	62.00%	79%	71%
76	Lewis & Clark College Portland, OR	莱维斯克拉克大学	$55,266	3250	72.00%	84%	78%
76	St. John's College Santa Fe, NM	圣约翰学院	$36,410	364	66.00%	76%	60%

参 考 文 献

［1］ Frank R. (2018). College Admission 101 [M]. New York, NY: The Princeton Review, 2018.

［2］ Fiske E. Fiske Guide to Colleges 2018 [M]. Naperville, IL: Sourcebooks, Inc, 2018.

［3］ https://premium.usnews.com/best-colleges.

［4］ https://admission.universityofcalifornia.edu/freshman/requirements/a-g-requirements.

［5］ https://www.commonapp.org/apply.

［6］ https://www.coalitionforcollegeaccess.org.

［7］ https://chinaielts.org.

［8］ https://zhuanlan.zhihu.com/p/73038529.

［9］ https://www.sohu.com/a/343213781_558707.

［10］ https://www.collegeboard.org.

［11］ https://englishtest.duolingo.cn.

［12］ https://baike.baidu.com.